CHALLENGING
PUZZLES
FROM
THE
BIBLE

INCLUDING CROSSWORDS,
WORD SEARCH, CRYPTOGRAMS, AND MORE

TIMOTHY E. PARKER

HOWARD BOOKS
A Division of Simon & Schuster, Inc.

New York • Nashville • London • Toronto • Sydney • New Delhi

Howard Books
A Division of Simon & Schuster, Inc.
1230 Avenue of the Americas
New York, NY 10020

First Howard Books trade paperback edition October 2011

HOWARD and colophon are trademarks of Simon & Schuster, Inc.

For information about special discounts for bulk purchases, please
contact Simon & Schuster Special Sales at 1-866-506-1949 or
business@simonandschuster.com.

The Simon & Schuster Speakers Bureau can bring authors to your
live event. For more information or to book an event, contact the
Simon & Schuster Speakers Bureau at 1-866-248-3049 or visit our
website at www.simonspeakers.com.

Manufactured in the United States of America

10 9 8 7 6 5 4 3 2 1

ISBN 978-1-4391-9229-0

Part One
CRYPTOGRAMS

Bible Cryptograms Introduction: How to Play

Cryptograms are an extremely fun way to learn and solve Scriptures. You will have to decipher the coded letters of each puzzle, but I leave a HUGE hint for each one. To solve a cryptogram, you must substitute the coded letter for the real letter it represents in a Bible verse. For example, in the sample on the following page, if you figure out that the first letter of the puzzle, in this case a V, is actually an A, then you may substitute each and every V in the coded puzzle with an A. If you determine the next letter in the puzzle, in this case an F, is actually an N, then simply substitute all Fs in the puzzle with Ns. Simply write your new letters on the blank lines directly under the coded letters.

How Do I Know What the Coded Letters Really Are?

Here's that huge hint I promised: See the title of the puzzle in parentheses, "WHO SEEK YOU."? That is an ACTUAL section of the real answer. You may count the letters and match it up to the coded letters, and you've just been given several of the coded letters! Did you notice the period in the title (WHO SEEK YOU.)? That's a big hint that the words given are at the end of the sentence.

In the sample below, the bold letters in the coded puzzle show you where the title words (WHO SEEK YOU) are. Now you know that the letter M is actually the letter W and the letter R is actually the letter H and so on.

One final hint: The last part of every puzzle is the Bible book with verse and chapter. If you can find out which book is mentioned, you will be given extra letters to solve the puzzle.

And one last, finally final hint: Single letters in the coded puzzle will probably be an A or I. Make sense?

SAMPLE: (WHO SEEK YOU.)

VFO ARBLK MRB XFBM PBWE FVDK ZWA ARKIE

___ ___ _____ ___ ____ ____ ____

____ ___ _____

AEWLA IF PBW,

_____ __ ___,

SBE PBW, B GBEO, RVNK FBA SBELVXKF ARBLK

___ ____

MRB LKKX PBW.

W̲ H O̲ S̲ E E K Y̲ O̲ U̲.

ZLVGD 9:10

_ _ _ _ _ 9:10

SOLUTION

And those who know your name put their trust in you,
for you, O Lord, have not forsaken those who seek you.
Psalm 9:10

PUZZLE 1: (AND HE SENT)

FDT ETNTOHFCAK AS VTYBY JDECYF,

___ _____ __ _____
_____,

RDCJD QAI QHNT DCL FAYDAR

_____ ___ ____ ___ __
____

DCYYTENHKFY-FDCKQY RDCJD LBYF

___ _____-_____
_____ ____

YDAEFOG FHPT XOHJT. HKI DTYTKF

_____ ____ _____. ___
__ ____

HKIYCQKCSCTI CF ZG DCY HKQTO

___ _____ __ __ ___
_____

FA DCYYTENHKFVADK

__ ___ _____ ____

GTWTAEVXHU 1:1

_____ 1:1

PUZZLE 2: (AND YOU DELIVERED)

UY SRI RIW MQKJAWT KWITKAC;

__ ___ ___ _____
_____;

KJAS KWITKAC, QYC SRI CAZUEAWAC KJAF.

____ _____, ___ ___
_____ ____.

KR SRI KJAS OWUAC QYC HAWA WATOIAC;

__ ___ ____ _____ ___
____ _____;

UY SRI KJAS KWITKAC QYC HAWA YRK VIK KR

__ ___ ____ _____ ___
____ ___ ___ __

TJQFA.

_____.

VTQZF 22:4–5
_____ 22:4–5

PUZZLE 3: (WICKED, BUT)

TLSB LAY VGY ZRAARPZ RE VGY PUFXYW,

____ ___ ___ _____ __

___ _____,

QCV ZVYLWELZV IRMY ZCAARCSWZ VGY RSY

___ _____ ____

_____ ___ ___

PGR VACZVZ US VGY IRAW.

___ _____ __ ___ ____.

KZLIT 32:10

_ _ _ _ _ 32:10

> It is impossible to rightly govern the world without God and the Bible.
>
> —George Washington, first president of the United States

PUZZLE 4: (WORLD TO CONDEMN)

"DQB GQH JQ MQRCH NIC TQBMH, NIUN IC GURC

" ___ ___ __ _____ ___

_____, ____ __ ____

IVJ QXML JQX, NIUN TIQCRCB WCMVCRCJ VX IVP

___ ____ ___, ____ _____

_____ __ ___

JIQYMH XQN SCBVJI WYN IURC CNCBXUM MVDC.

_____ __ _____ ___

____ _____ ____.

DQB GQH HVH XQN JCXH IVJ JQX VXNQ NIC

___ ___ ___ ___ ____ ___

___ ____ ___

TQBMH NQ FQXHCPX NIC TQBMH, WYN VX QBHCB

_____ __ _____ ___

_____, ___ __ _____

NIUN NIC TQBMH PVGIN WC JURCH NIBQYGI IVP.

____ ___ _____ _____ __

_____ _____ ___.

OQIX 3:16–17

__ __ __ __ 3:16–17

PUZZLE 5: (TO HIM, "I AM)

ZEOWO OAYR TI JYH, "Y AH TJE QAV, APR TJE

_ _ _ _ _   _ _ _ _   _ _   _ _ _,   " _   _ _

_ _ _   _ _ _,   _ _ _   _ _ _

TLWTJ, APR TJE FYCE. PI IPE KIHEO TI TJE

_ _ _ _ _,   _ _ _   _ _ _   _ _ _ _.   _ _

_ _ _   _ _ _ _ _   _ _   _ _ _

CATJEL ENKEXT TJLIWMJ HE.

_ _ _ _ _ _   _ _ _ _ _ _   _ _ _ _ _ _ _

_ _.

ZIJP 14:6

_ _ _ _ 14:6

PUZZLE 6: (SALVATION)

IUP VMP NUV VWWPQJ IUOMGJZTFTMZ OJ UTJ

___ ___ ___ _____

_____ __ ___

JOEQTWTEP ZYVQTWTPJ XP;

_____ _____ ___;

IV VMP NUV VQHPQJ UTJ NOD QTZUIYD

__ ___ ___ _____ ___

___ _____

T NTYY JUVN IUP JOYFOITVM VW ZVH!"

_ _____ ___ _____ __

___!"

AJOYX 50:23

_____ 50:23

PUZZLE 7: (OF YOUR WONDERFUL)

G EGKK CGUL ZRYPMX ZJ ZRL KJNT EGZR IB

__ _____ _____ _____ __

___ _____ _____ __

ERJKL RLYNZ;

_____ _____;

G EGKK NLOJFPZ YKK JV BJFN EJPTLNVFK TLLTX.

__ _____ _____ ___ __

____ _____ _____.

SXYKI 9:1

__ __ __ __ __ 9:1

PUZZLE 8: (COURAGE, ALL)

VI QOWZRF, GRN LIO PZTW HIGWO OGXI

__ _____, ___ ___ ____

_____ ____

BZTWGFI,

_____,

GLL PZT AHZ AGDO UZW OHI LZWN!

___ ___ ___ ____ ___ ___

____!

JQGLC 31:24

_____ 31:24

PUZZLE 9: (STAYED ON)

MFT XDDR EUQ UI RDGNDLV RDJLD

__ _ ____ ___ __ _____
_____

ZEFHD QUIW UH HVJMDW FI MFT,

_____ ____ __ _____ __
___,

BDLJTHD ED VGTHVH UI MFT.

_____ __ _____ __ ___.

VGTHV UI VED CFGW NFGDADG,

_____ __ ___ ____
_____,

NFG VED CFGW PFW UH JI DADGCJHVUIP GFLX.

___ ___ ____ ___ __ __
_____ ____.

UHJUJE 26:3–4
__ __ __ __ __ __ 26:3–4

PUZZLE 10: (WAS TO MAKE)

CTXJJX, UJ NJPZ ZROZ UJ ROX MJHJCLJX ZRJ

_ _ _ _ _ _ _, _ _ _ _ _ _ _ _ _ _ _ _ _ _

_ _ _ _ _ _ _ _ _ _ _ _ _ _

YJTZJTHJ BN XJOZR. WAZ ZROZ UOY ZB QOKJ AY

_ _ _ _ _ _ _ _ _ _ _ _ _ _ _ _. _ _ _ _

_ _ _ _ _ _ _ _ _ _ _ _ _ _ _ _

MJPV TBZ BT BAMYJPLJY WAZ BT SBX URB

_ _ _ _ _ _ _ _ _ _ _ _ _ _ _ _ _ _

_ _ _ _ _ _ _ _ _ _ _ _

MOCYJY ZRJ XJOX.

_ _ _ _ _ _ _ _ _ _ _ _ _ _ _.

2 HBMCTZRCOTY 1:9

2 _ _ _ _ _ _ _ _ _ _ _ _ 1:9

PUZZLE 11: (LAYS A SNARE, BUT)

LDF IFBM AI GBY HBVC B CYBMF,

_ _ _ _ _ _ _ _ _ _ _ _ _ _ _ _ _ _

_ _ _ _ _ _,

EQL UDAFPFM LMQCLC RY LDF HAMO RC CBIF.

_ _ _ _ _ _ _ _ _ _ _ _ _ _ _ _ _ _

_ _ _ _ _ _ _ _ _ _ _ _ _ _.

KMAPFMEC 29:25

_ _ _ _ _ _ _ _ 29:25

PUZZLE 12: (DAY OF JESUS)

TYW A TG OJMQ BP SFAO, SFTS FQ XFB EQVTY T

___ _ __ ____ __ ____,

____ __ ___ _____ _

VBBW XBMK AY HBJ XANN EMAYV AS SB

____ ____ __ ___ ____

_____ __ __

ZBGRNQSABY TS SFQ WTH BP CQOJO ZFMAOS.

_____ __ ___ ___ __

____ _____.

RFANARRATYO 1:6

_____ 1:6

PUZZLE 13: (WHICH IS YOUR)

Q EVVUEG XY DYA XRUFUPYFU, HFYXRUFB, HD

_ _____ __ ___

_____, _____, __

XRU WUFCQUB YP TYO, XY VFUBUIX DYAF

___ _____ __ ___, __

_____ ____

HYOQUB EB E GQSQIT BECFQPQCU, RYGD EIO

_____ __ _ _____

_____, ____ ___

ECCUVXEHGU XY TYO, ZRQCR QB DYAF

_____ __ ___, _____

__ ____

BVQFQXAEG ZYFBRQV.

_____ _____.

FYWEIB 12:1

_ __ __ __ __ _ 12:1

PUZZLE 14: (WITH PRAISE! GIVE)

AFDAG QPT IXDAT CPDQ DQXFYTIPOPFI,

_ _ _ _ _   _ _ _   _ _ _ _ _   _ _ _ _

_ _ _ _ _ _ _ _ _ _ _ _,

XFL QPT NSKGDT CPDQ VGXPTA!

_ _ _   _ _ _   _ _ _ _ _ _   _ _ _ _

_ _ _ _ _ _!

IPOA DQXFYT DS QPB; RUATT QPT FXBA!

_ _ _ _   _ _ _ _ _ _   _ _   _ _ _;   _ _ _ _ _

_ _ _   _ _ _ _!

VTXUB 100:4

_ _ _ _ _ 100:4

PUZZLE 15: (GOD; I WILL)

UBPO WTI, UTO R PY XRIQ KTS;

__ __ __ __   __ __ __,   __ __ __   _   __ __   __ __ __ __

__ __ __;

GB WTI CRLYPKBC, UTO R PY KTSO FTC;

__ __   __ __ __   __ __ __ __ __ __ __ __,   __ __ __   _   __ __

__ __ __ __   __ __ __;

R XREE LIOBWFIQBW KTS, R XREE QBEJ KTS,

_   __ __ __ __   __ __ __ __ __ __ __ __ __   __ __ __,   _

__ __ __ __   __ __ __ __   __ __ __,

R XREE SJQTEC KTS XRIQYK ORFQIBTSL ORFQI
QPWC.

_   __ __ __ __   __ __ __ __ __ __   __ __ __   __ __ __ __

__ __   __ __ __ __ __ __ __ __ __   __ __ __ __ __   __ __ __ __.

RLPRPQ 41:10

__ __ __ __ __ __   41:10

PUZZLE 16: (WHEN HE APPEARS)

ONLEGNW, YN XHN IEW'R CDFLWHNJ JEY, XJW

—————————, —— ——— ————

———————— ———, ———

YDXKYNYFLL ON DXR JEK PNK XBBNXHNW; OTK
YN ZJEY

———— —— ———— —— ——— ———

——— —————————; ——— —— ————

KDXKYDNJ DN XBBNXHRYN RDXLL ON LFZN
DFQ,

———— ———— —— ——————— ——

————— —— ———— ———,

ONCXTRNYN RDXLL RNN DFQ XR DN FR.

———————— —— ————— ——— ———

—— —— ——.

1 UEDJ 3:2

1 __ __ __ __ 3:2

PUZZLE 17: (SHALL I BE AFRAID?)

TWN PYBJ OQ FV POCWT XRJ FV QXPMXTOYR;

___ ____ __ __ _____ ___
__ _____;

SWYF QWXPP O LNXB?

____ _____ _ ____?

TWN PYBJ OQ TWN QTBYRCWYPJYL FV POLN;

___ ____ __ ___
_____ __ __ ____;

YL SWYF QWXPP O HN XLBXOJ?

__ ____ _____ _ __
_____?

GQXPF 27:1

_____ 27:1

PUZZLE 18: (BE BETTER FOR HIM)

"JICENEV VEAELNEM CTE MYAI AILHX LT FR TQFE

"—————— ——————— ———

———— ————— —— —— ————

VEAELNEM FE, KYG JICENEV AQYMEM CTE CD

——————— ——, ——— ————————

—————— ——— ——

GIEME HLGGHE CTEM JIC KEHLENE LT FE GC

————— —————— ———— ———

—————— —— —— ——

MLT, LG JCYHX KE KEGGEV DCV ILF GC IQNE Q

———, —— ————— —— ——————

——— ——— —— ———— —

PVEQG FLHHMGCTE DQMGETEX QVCYTX ILM

———— ————————— —————— ———

TEAB QTX GC KE XVCJTEX LT GIE XEUGI CD GIE

MEQ.

———— ——— —— —— ———————

—— ——— ————— —— ——— ———.

FQGGIEJ 18:1–6

————— 18:1–6

PUZZLE 19: (IN ALL YOUR WAYS)

DUAPD FJ DME IBUS QFDM VII WBAU MEVUD,

__ _____ __ ___ _____ ____

___ ____ _____,

VJS SB JBD IEVJ BJ WBAU BQJ AJSEUPDVJSFJL.

___ __ ___ ____ __ ____

___ _____.

FJ VII WBAU QVWP VCGJBQIESLE MFO,

__ ___ ____ ____

_____ ___,

VJS ME QFII OVGE PDUVFLMD WBAU YVDMP.

___ __ ____ ____

_____ ____ _____.

YUBZEUKP 3:5–6

_____ 3:5–6

PUZZLE 20: (HIS PEOPLE, FROM)

NRYQC ORY NZPQN KJ NRC SYZD BZC SKUC

_____ ___ _____ __ ___

____ ___ ____

EYPJN AKYJ, ORKMR MBJJYN TC EYGCD, TPN
BTKDCQ

_____ _____, _____ _____

__ _____, ___ _____

HYZCGCZ. BQ NRC EYPJNBKJQ QPZZYPJD
FCZPQBSCE,

_____. __ ___

_____ _____

_____

QY NRC SYZD QPZZYPJDQ RKQ WCYWSC,

__ ___ ____ _____

___ _____,

HZYE NRKQ NKEC HYZNR BJD HYZCGCZEYZC.

____ ____ ____ _____ ___

_____

WQBSE 125:1–2

__ __ __ __ __ 125:1–2

PUZZLE 21: (AS I DO. BUT)

UXQCX QZ UXN Q ZJAAEK MZ Q GI. HJY Q ML DIY

_ _ _ _ _   _ _   _ _ _   _   _ _ _ _ _ _   _ _

_   _ _ _.   _ _ _   _   _ _   _ _ _

MZXMLEG, AIK Q PDIU UXIL Q XMBE HEFQEBEG,

_ _ _ _ _ _ _,   _ _ _   _   _ _ _ _   _ _ _ _

_   _ _ _ _   _ _ _ _ _ _ _ _,

MDG Q ML CIDBQDCEG YXMY XE QZ MHFEYI

_ _ _   _   _ _   _ _ _ _ _ _ _ _ _   _ _ _ _

_ _   _ _   _ _ _ _   _ _

VJMKG JDYQF YXMY GMN UXMY XMZ HEED

_ _ _ _ _   _ _ _ _ _ _   _ _ _ _   _ _ _

_ _ _ _   _ _ _   _ _ _

EDYKJZYEG YI LE.

_ _ _ _ _ _ _ _ _   _ _   _ _.

2 YQLIYXN 1:12

2 _ _ _ _ _ _ _   1:12

PUZZLE 22: (KNOWN HIS DEEDS AMONG)

VH XIYO AHMWGU AV AHO QVSZ; TMQQ LJVW HIU

__ ____ _____ __ ___ ____; ____ ____ ___

WMEO; EMGO GWVFW HIU ZOOZU MEVWX AHO

____; ____ _____ ___ _____ _____ ___

JOVJQOU!

_____!

UIWX AV HIE, UIWX JSMIUOU AV HIE;

____ __ ___, ____ _____ __ ___;

AOQQ VP MQQ HIU FVWZSVLU FVSGU!

____ __ ___ ___ _____ _____!

JUMQE 105:1–2

_____ 105:1–2

PUZZLE 23: (AND SUPPLICATION WITH)

VS XSM ZH AXORSKW AZSKM AXPMERXG, ZKM

__ ___ __ _____ _____

_____, ___

RX HUHJPMERXG ZP IJAPHJ AXV WKIILRQAMRSX

__ _____ __ _____

___ _____

BRME MEAXDWGRURXG LHM PSKJ JHFKHWMW

____ _____ ___

____ _____

ZH YAVH DXSBX MS GSV.

__ ____ _____ __ ___.

IERLRIIRAXW 4:6

_____ 4:6

PUZZLE 24: (NOT ASHAMED OF)

UTY S JG BTP JLEJGAV TU PEA OTLHAF, UTY SP

___ _ __ ___ _____ __

___ _____, ___ __

SL PEA HTDAY TU OTV UTY LJFKJPSTB PT

__ ___ _____ __ ___ ___

_____ __

AKAYWTBA DET XAFSAKAL, PT PEA NAD USYLP

_____ ___ _____,

__ ___ ___ _____

JBV JFLT PT PEA OYAAZ.

___ ____ __ ___ _____.

YTGJBL 1:16

__ __ __ __ __ __ 1:16

PUZZLE 25: (IS YOUR STRENGTH.")

GIED IE FAOM GS GIER, "WS HSYL ZAH. EAG GIE

_____ __ _____ __ _____, "__

____ ___. ___ ___

QAG ADM MLODP FZEEG ZODE ADM FEDM

___ ___ _____ _____ ____

___ ____

BSLGOSDF GS ADHSDE ZIS IAF DSGIODW LEAMH,

_____ __ _____ ___

___ _____ _____,

QSL GIOF MAH OF ISTH GS SYL TSLM. ADM MS

___ ____ ___ __ ____ __

___ ____. ___ __

DSG NEWLOEUEM, QSL GIE CSH SQ GIE TSLM

___ __ _____, ___ ___

___ __ ___ ____

OF HSYL FGLEDWGI."

__ ____ _____."

DEIEROAI 8:10

_____ 8:10

PUZZLE 26: (WE PROCLAIMED AMONG YOU,)

CAD HVW QAS AC BAR, YWQZQ PVDFQH, JVAE

___ ___ ___ __ ___, _____

_____, ____

JW GDAPOXFEWR XEASB UAZ, QFOLXSZQ XSR

__ _____ _____ ___,

_____ ___

HFEAHVU XSR F, JXQ SAH UWQ XSR SA, TZH FS

_____ ___ _, ___ ___

___ ___ __, ___ __

VFE FH FQ XOJXUQ UWQ. CAD XOO HVW

___ __ __ _____ ___. ___

___ ___

GDAEFQWQ AC BAR CFSR HVWFD UWQ FS VFE.

_____ __ ___ ____

_____ ___ __ ___.

HVXH FQ JVU FH FQ HVDAZBV VFE HVXH JW

____ __ ___ __ __

_____ ___ ____ __

ZHHWD AZD XEWS HA BAR CAD VFQ BOADU.

_____ ___ ____ __ ___

___ ___ _____.

2 PADFSHVFXSQ 1:19–20

2 _ _ _ _ _ _ _ _ _ _ _ _ 1:19–20

PUZZLE 27: (MAY ABOUND IN)

QXR VOF YJU JG OJCF GHDD RJW IHVO XDD SJR

___ ___ ___ __ ____ ____

___ ____ ___ ___

XTU CFXAF HT MFDHFLHTY, ZJ VOXV MR VOF

___ _____ __ _____,

__ _____ __ ___

CJIFN JG VOF OJDR ZCHNHV RJW QXR XMJWTU

HT OJCF.

_____ __ ____ _____

___ ___ _____ __ ____.

NJQXTZ 15:13

_ _ _ _ _ _ 15:13

> I was merely thinking God's thoughts after him. Since we astronomers are priests of the highest God in regard to the book of nature, it befits us to be thoughtful, not of the glory of our minds, but rather, above all else, of the glory of God.
> —Johannes Kepler, considered to be the father of physical astronomy and discoverer of the laws of planetary motion

PUZZLE 28: (NULLIFY THE FAITHLESSNESS)

UTIQ GO FDSR URNR HBOIGQTOHY? EDRF

____ __ ____ ____

_____? ____

QTRGN OIGQTYRFFBRFF BHYYGOL QTR

_____ _____ _

_____ ___

OIGQTOHYBRFF DO XDE? KL BD SRIBF! YRQ XDE

_____ __ ___? __

__ _____! ___ ___

KR QNHR QTDHXT RMRNL DBR URNR I YGIN, IF

__ ____ _____ _____ ___

____ _ _____, __

GQ GF UNGQQRB,

__ __ _____,

"QTIQ LDH SIL KR AHFQGOGRE GB LDHN UDNEF,

"____ ___ ___ __

_____ __ _____ _____,

IBE VNRMIGY UTRB LDH INR AHEXRE."

___ _____ ____ ___ ___

_____."

NDSIBF 3:3–4

_____ 3:3–4

PUZZLE 29: (YOU MAY NOT GROW WEARY)

BTDGMKPJ OMS WOT PDKHJPK AJTS GMDDPJG

_ _ _ _ _ _ _ _   _ _ _   _ _ _

_ _ _ _ _ _ _   _ _ _ _   _ _ _ _ _ _ _

GHBO OTGXMVMXC IYIMDGX OMSGPVA, GT
XOIX

_ _ _ _   _ _ _ _ _ _ _ _ _ _   _ _ _ _ _ _ _

_ _ _ _ _ _ _,   _ _   _ _ _ _

CTH SIC DTX YJTW WPIJC TJ AIMDXOPIJXPK. MD

_ _ _   _ _ _   _ _ _   _ _ _ _   _ _ _ _ _

_ _   _ _ _ _ _ _ _ _ _ _ _.   _ _

CTHJ GXJHYYVP IYIMDGX GMD CTH OIRP DTX

_ _ _ _   _ _ _ _ _ _ _ _

_ _ _   _ _ _   _ _ _ _   _ _ _

CPX JPGMGXPK XT XOP QTMDX TA GOPKKMDY

_ _ _   _ _ _ _ _ _ _ _   _ _   _ _ _

_ _ _ _ _   _ _   _ _ _ _ _ _ _ _

CTHJ FVTTK.

_ _ _ _   _ _ _ _ _.

OPFJPWG 12:3–4

_ _ _ _ _ _ _ 12:3–4

PUZZLE 30: (BROTHERS, THAT THROUGH)

AJO VO BJ HDMSD OM UMG ONJXJPMXJ,

___ __ __ _____ __ ___

_____,

BXMONJXK, ONEO ONXMGQN ONVK ZED

_____, ____ _____

____ ___

PMXQVWJDJKK MP KVDK VK TXMCAEVZJL OM

_____ __ ____ __

_____ __

UMG, EDL BU NVZ JWJXUMDJ SNM BJAVJWJK VK

___, ___ __ ___ _____

___ _____ __

PXJJL PXMZ JWJXUONVDQ PXMZ SNVCN UMG

_____ _____ _____

____ _____ ___

CMGAL DMO BJ PXJJL BU ONJ AES MP ZMKJK.

_____ ___ __ _____ __

___ ___ __ _____.

ECOK 13:38–39
_ _ _ _ 13:38–39

PUZZLE 31: (NO SIN, WE DECEIVE OURSELVES,)

YCW KJ XU XTIQ KN WBU IKEBW, TV BU KV KN

___ __ __ ____ __ ___

_____, __ __ __ __

WBU IKEBW, XU BTFU JUIIZXVBKA XKWB ZNU

___ _____, __ ____

_____ ____ ___

TNZWBUG, TNH WBU YIZZH ZJ OUVCV BKV VZN

_____, ___ ___ _____ __

_____ ___ ___

PIUTNVUV CV JGZS TII VKN. KJ XU VTM XU BTFU

_____ __ ____ ___ ___.

__ __ ___ __ ____

NZ VKN, XU HUPUKFU ZCGVUIFUV, TNH WBU

__ ___, __ _____

_____, ___ ___

WGCWB KV NZW KN CV. KJ XU PZNJUVV ZCG

_____ __ ___ __ __. __ __

_____ ___

VKNV, BU KV JTKWBJCI TNH OCVW WZ JZGEKFU

____, __ __ _____ ___

____ __ _____

CV ZCG VKNV TNH WZ PIUTNVU CV JGZS TII

__ ___ ____ ___ __

_____ __ ____ ___

CNGKEBWUZCVNUVV.

_____.

1 OZBN 1:7–9

1 __ __ __ __ 1:7–9

PUZZLE 32: (ONE. BUT EACH PERSON IS)

DAY BW WBA IJZ NEAB EA TI YAFPYAG, "T JF

— — —   — —   — — —   — — —   — — — —   — —   — —

— — — — — — —,   "—   — —

LATBQ YAFPYAG LZ QWG," UWM QWG OJBBWY

— — — — —   — — — — — — —   — —   — — —,"

— — —   — — —   — — — — — —

LA YAFPYAG NTYE AXTD, JBG EA ETFIADU

— —   — — — — — — —   — — — —   — — — —,   — — —

— —   — — — — — —

YAFPYI BW WBA. LHY AJOE PAMIWB TI YAFPYAG

— — — — — —   — —   — — —.   — — —   — — — —

— — — — — —   — —   — — — — — — —

NEAB EA TI DHMAG JBG ABYTOAG LZ ETI WNB

— — — —   — —   — —   — — — — —   — — —

— — — — — — — —   — —   — — —   — — —

GAITMA. YEAB GAITMA NEAB TY EJI OWBOATXAG

— — — — — —.   — — — —   — — — — — —   — — — —

— —   — — —   — — — — — — — —

QTXAI LTMYE YW ITB, JBG ITB NEAB TY TI UHDDZ

— — — — —   — — — — —   — —   — — —,   — — —

— — —   — — — —   — —   — —   — — — — —

QMWNB LMTBQI UWMYE GAJYE.

_ _ _ _ _   _ _ _ _ _ _   _ _ _ _ _

_ _ _ _ _.

CJFAI 1:13–15

_ _ _ _ _ 1:13–15

PUZZLE 33: (BEING, SO THAT CHRIST MAY DWELL)

QXN RAVF NZMFXO V SXU IB KOZZF SZQXNZ RAZ

___ ____ _____ _ ___ __

_____ _____ ___

QMRAZN, QNXI UAXI ZPZNB QMIVEB VO AZMPZO

_____, ____ ____ _____

_____ __ _____

MOD XO ZMNRA VF OMIZD, RAMR MTTXNDVOH

___ __ _____ __ _____,

____ _____

RX RAZ NVTAZF XQ AVF HEXNB AZ IMB HNMOR

__ ___ _____ __ ___

_____ __ ___ _____

BXJ RX SZ FRNZOHRAZOZD UVRA LXUZN

___ __ _____

____ _____

RANXJHA AVF FLVNVR VO BXJN VOOZN SZVOH,

_____ ___ _____ __

____ _____ _____,

FX RAMR TANVFR IMB DUZEE VO BXJN AZMNRF

__ ____ _____ ___ _____

__ ____ _____

RANXJHA QMVRA—RAMR BXJ, SZVOH NXXRZD

_ _ _ _ _ _ _ _   _ _ _ _ ___ _ _ _ _   _ _ _,

_ _ _ _ _   _ _ _ _ _

MOD HNXJODZD VO EXPZ, IMB AMPZ FRNZOHRA

_ _ _   _ _ _ _ _ _ _ _   _ _   _ _ _ _ _,   _ _ _

_ _ _ _   _ _ _ _ _ _ _ _

RX TXILNZAZOD UVRA MEE RAZ FMVORF UAMR

_ _   _ _ _ _ _ _ _ _ _ _   _ _ _ _   _ _ _

_ _ _   _ _ _ _ _ _   _ _ _ _

VF RAZ SNZMDRA MOD EZOHRA MOD AZVHAR

_ _   _ _ _   _ _ _ _ _ _ _   _ _ _

_ _ _ _ _ _   _ _ _   _ _ _ _ _ _

MOD DZLRA, MOD RX KOXU RAZ EXPZ XQ

_ _ _   _ _ _ _ _,   _ _ _   _ _   _ _ _ _

_ _ _   _ _ _ _   _ _

TANVFR RAMR FJNLMFFZF KOXUEZDHZ, RAMR

_ _ _ _ _ _   _ _ _ _   _ _ _ _ _ _ _ _ _

_ _ _ _ _ _ _ _ _,   _ _ _ _

BXJ IMB SZ QVEEZD UVRA MEE RAZ QJEEOZFF XQ
HXD.

_ _ _   _ _ _   _ _   _ _ _ _ _ _ _   _ _ _ _

_ _ _   _ _ _ _ _ _ _ _   _ _   _ _ _.

ZLAZFVMOF 3:14–19

_ _ _ _ _ _ _ _ _ 3:14–19

PUZZLE 34: (AND CALAMITIES. FOR WHEN I)

PWM XD SLYE MJ AD, "AZ VULCD YS

___ __ ____ __ __, "__

_____ __

SWHHYCYDKM HJU ZJW, HJU AZ BJQDU YS ALED

_____ ___ ___, ___

__ _____ __ ____

BDUHDCM YK QDLFKDSS." MXDUDHJUD Y QYGG

_____ __ _____."

_____ _ ____ __

PJLSM LGG MXD AJUD VGLEGZ JH AZ

_____ ___ ___ ____

_____ __ __

QDLFKDSSDS, SJ MXLM MXD BJQDU JH CXUYSM

_____, __ ____ ___

_____ __ _____

ALZ UDSM WBJK AD. HJU MXD SLFD JH CXUYSM,

___ ____ ____ __. ___ ___

____ __ _____,

MXDK, Y LA CJKMDKM QYMX QDLFKDSSDS,

____, _ __ _____ ____

_____,

YKSWGMS, XLUESXYBS, BDUSDCWMYJKS, LKE

—————————, —————————,

————————————, ———

CLGLAYMYDS. HJU QXDKY LA QDLF, MXDKY LA
SMUJKV.

——————————. ——— ———— — ——

————, ———— — —— ———————.

2 CJUYKMXYLKS 12:9–10
2 _ _ _ _ _ _ _ _ _ _ _ _ 12:9–10

PUZZLE 35: (HIS FAITH IS COUNTED AS)

UXY ZJHF QXED FJE DSYKRFWYE DHV?

___ ____ ____ ___

_____ ___?

"HCYHJHM CEPKEBEQ LXQ, HNQ KF ZHD

" _____ _____ ___,

___ __ ___

SXWNFEQ FX JKM HD YKLJFEXWDNEDD." NXZ FX

_____ __ ___ __

_____." ___ __

FJE XNE ZJX ZXYOD, JKD ZHLED HYE NXF

___ ___ ___ _____, ___

_____ ___ ___

SXWNFEQ HD H LKUF CWF HD JKD QWE. HNQ FX

_____ __ _____ ___ __

___ ___. ___ __

FJE XNE ZJX QXED NXF ZXYO CWF CEPKEBED KN

___ ___ ___ ____ ___

____ ___ _____ __

JKM ZJX IWDFKUKED FJE WNLXQPV, JKD UHKFJ

___ ___ _____ ___

_____, ___ _____

KD SXWNFEQ HD YKLJFEXWDNEDD

__ _____ __
_____

YXMHND 4:3–5

__ __ __ __ __ __ 4:3–5

PUZZLE 36: (THAT WE HAVE THE REQUESTS)

KXP NFTQ TQ NFL CEXVTPLXCL NFKN DL FKOL

___ ____ __ ___

_____ ____ __ ____

NEDKGP FTS, NFKN TV DL KQW KXYNFTXJ

_____ ___, ____ __ __

___ _____

KCCEGPTXJ NE FTQ DTRR FL FLKGQ AQ. KXP TV

_____ __ ___ ____

__ _____ __. ___ __

DL WXED NFKN FL FLKGQ AQ TX DFKNLOLG DL

__ ____ ____ __ _____ __

__ _____ __

KQW, DL WXED NFKN DL FKOL NFL GLHALQNQ

___, __ ____ ____ __ ____

___ _____

NFKN DL FKOL KQWLP EV FTS.

____ __ _____ _____ __

___.

1 IEFX 5:14–15

1 __ __ __ __ 5:14–15

PUZZLE 37: (NOR THINGS TO COME)

JUY H KF OQYP DLKD GPHDLPY IPKDL GUY THJP,

___ _ __ ____ ____

_____ _____ ___ _____,

GUY KGZPTO GUY YQTPYO, GUY DLHGZO

___ _____ ___ _____,

___ _____

XYPOPGD GUY DLHGZO DU SUFP, GUY XUEPYO,

_____ ___ _____ __

____, ___ _____,

GUY LPHZLD GUY IPXDL, GUY KGVDLHGZ PTOP

___ _____ ___ _____, ___

_____ ____

HG KTT SYPKDHUG, EHTT MP KMTP DU OPXKYKDP

__ ___ _____, ____ __

____ __ _____

QO JYUF DLP TUBP UJ ZUI HG SLYHOD RPOQO UQY TUYI.

__ ____ ___ ____ __ ___

__ _____ _____ ___ ____.

YUFKGO 8:38–39

_ _ _ _ _ _ 8:38–39

PUZZLE 38: (HIS FEET AND IMPLORED HIM)

VWT CLRW ORYMY LVT FZNYYRT VXVBW BW ILR

___ ____ _____ ___

_____ _____ __ ___

ENVI IN ILR NILRZ YBTR, V XZRVI FZNCT
XVILRZRT

____ __ ___ _____ _____, _

_____ _____ _____

VENMI LBP, VWT LR CVY ERYBTR ILRYRV. ILRW

_____ ___, ___ __ ___

_____ ___ ___. ____

FVPR NWR NJ ILR ZMARZY NJ ILR YGWVXNXMR,

____ ___ __ ___ ____

__ ___ _____,

OVBZMY EG WVPR, VWT YRRBWX LBP, LR JRAA

_____ __ ____, ___

_____ ___, __ ____

VI LBY JRRI VWT BPUANZRT LBP RVZWRYIAG,

__ ___ ____ ___ _____

___ _____,

YVGBWX, "PG ABIIAR TVMXLIRZ BY VI ILR UNBWI

_____, "__ _____

_____ __ __ ___ _____

NJ TRVIL. FNPR VWT AVG GNMZ LVWTY NW LRZ,

__ _____. ____ ___ ___
____ _____ __ ___,

YN ILVI YLR PVG ER PVTR CRAA VWT ABDR." VWT

__ ____ ___ ___ __ ____
____ ___ ____." ___

LR CRWI CBIL LBP.

__ ____ ____ ___.

PVZQ 5:21–24
_ _ _ _5:21–24

PUZZLE 39: (I SHALL LOOK IN TRIUMPH)

LFX HQZC IB QN TE BICX; I PIHH NQL UXSZ.

___ ____ __ __ __ ____; _

____ ___ ____.

PFSL JSN TSN CQ LQ TX?

____ ___ ___ __ __ __?

LFX HQZC IB QN TE BICX SB TE FXHMXZ;

___ ____ __ __ __ ____ __

__ _____;

I BFSHH HQQV IN LZIYTMF QN LFQBX PFQ FSLX

TX.

_ _____ ____ __ _____

__ _____ ___ ____ __.

IL IB KXLLXZ LQ LSVX ZXUYGX IN LFX HQZC

__ __ _____ __ ____

_____ __ ___ ____

LFSN LQ LZYBL IN TSN.

____ __ _____ __ ___.

IL IB KXLLXZ LQ LSVX ZXUYGX IN LFX HQZC

__ __ _____ __ ____

_____ __ ___ ____

LFSN LQ LZYBL IN MZINJXB.

———— —— ————— —— ————————.

MBSHT 118:6–9

— — — — — 118:6–9

PUZZLE 40: (COMMIT YOUR WAY TO THE)

RHUSR MO RTC IFHN, PON NF QFFN;

_ _ _ _ _ _ _ _ _ _ _ _ _ _, _ _ _ _ _

_ _ _ _;

NVCII MO RTC IPON PON XCYHMCON

_ _ _ _ _ _ _ _ _ _ _ _ _ _ _ _ _

_ _ _ _ _ _ _ _

YPMRTYUIOCSS.

_ _ _ _ _ _ _ _ _ _ _ _.

NCIMQTR LFUHSCIY MO RTC IFHN, PON TC

_ _ _ _ _ _ _ _ _ _ _ _ _ _ _ _ _ _ _ _

_ _ _ _, _ _ _ _ _

VMII QMDC LFU RTC NCSMHCS FY LFUH TCPHR.

_ _ _ _ _ _ _ _ _ _ _ _ _ _

_ _ _ _ _ _ _ _ _ _ _ _ _ _ _ _ _.

WFKKMR LFUH VPL RF RTC IFHN;

_ _ _ _ _ _ _ _ _ _ _ _ _ _ _ _ _ _

_ _ _ _;

RHUSR MO TMK, PON TC VMII PWR.

_ _ _ _ _ _ _ _ _ _, _ _ _ _ _ _ _ _ _

_ _ _.

TC VMII XHMOQ YFHRT LFUH HMQTRCFUSOCSS

_ _ _ _ _ _ _ _ _ _ _ _ _ _ _ _ _ _ _ _

_ _ _ _ _ _ _ _ _ _ _ _.

PS RTC IMQTR,

—— ——— ——————,

PON LFUH BUSRMWC PS RTC OFFONPL.

——— ———— ———————— —— ———
———————.

GSPIK 37:3–6
—————— 37:3–6

PUZZLE 41: (ALL, BESTOWING HIS RICHES)

OTKRNET, IZ MGN KGUZTEE DIXY MGNA WGNXY

_ _ _ _ _ _ _ _, _ _ _ _ _ _ _ _ _ _ _

_ _ _ _ _ _ _ _ _ _ _ _

XYRX CTENE IE VGAS RUS OTVITPT IU MGNA

_ _ _ _ _ _ _ _ _ _ _ _ _ _ _ _

_ _ _ _ _ _ _ _ _ _ _ _

YTRAX XYRX QGS ARIETS YIW ZAGW XYT STRS,

_ _ _ _ _ _ _ _ _ _ _ _ _ _

_ _ _ _ _ _ _ _ _ _ _ _,

MGN DIVV OT ERPTS. ZGA DIXY XYT YTRAX GUT

_ _ _ _ _ _ _ _ _ _ _ _ _. _ _ _

_ _ _ _ _ _ _ _ _ _ _ _ _ _

OTVITPTE RUS IE CNEXIZITS, RUS DIXY XYT

_ _ _ _ _ _ _ _ _ _ _ _ _

_ _ _ _ _ _ _ _ _, _ _ _ _ _ _ _ _ _ _

WGNXY GUT KGUZTEETE RUS IE ERPTS. ZGA XYT

_ _ _ _ _ _ _ _ _ _ _ _ _ _ _ _

_ _ _ _ _ _ _. _ _ _ _ _ _

EKAIFXNAT ERME, "TPTAMGUT DYG OTVITPTE
IU

_ _ _ _ _ _ _ _ _ _ _ _ _ _,

" _ _ _ _ _ _ _ _ _ _ _ _ _ _ _ _ _

_ _

YIW DIVV UGX OT FNX XG EYRWT." ZGA XYTAT IE

___ ____ ___ __ ___ __

_____." ___ _____ __

UG SIEXIUKXIGU OTXDTTU CTD RUS QATTH;
ZGA

__ _____ _____

___ ___ _____; ___

XYT ERWT VGAS IE VGAS GZ RVV, OTEXGDIUQ

___ ____ ____ __ ____ __

___, _____

YIE AIKYTE GU RVV DYG KRVV GU YIW. ZGA

___ _____ __ ___ ___

____ __ ___. ___

"TPTAMGUT DYG KRVVE GU XYT URWT GZ XYT

"_____ ___ _____ __

___ ____ __ ___

VGAS DIVV OT ERPTS."

____ ____ __ _____."

AGWRUE 10:9–13

_____ 10:9–13

PUZZLE 42: (WATER TO DRINK, FOR)

IQ GBDJ XWXFG IK HDWTJG, TIPX HIF CJXZM NB
XZN,

__ ____ _____ __ _____,

____ ___ _____ __ ___,

ZWM IQ HX IK NHIJKNG, TIPX HIF SZNXJ NB

___ __ __ __ _____,

____ ___ _____ __

MJIWA, QBJ GBD SILL HXZE CDJWIWT YBZLK BW

_____, ___ ___ ____ ____

_____ _____ __

HIK HXZM, ZWM NHX LBJM SILL JXSZJM GBD.

___ ____, ___ ___ ____

____ _____ ___.

EJBPXJCK 25:21–22

_____ 25:21–22

PUZZLE 43: (NOT TAKE VENGEANCE OR)

JHL CIEGG QHA AERM YMQXMEQBM HK FMEK E

___ _____ ___ ____

_____ __ ____ _

XKLTXM EXEZQCA AIM CHQC HV JHLK HOQ

_____ _____ ___ ____

__ ____ ___

WMHWGM, FLA JHL CIEGG GHYM JHLK
QMZXIFHK

_____, ___ ___ _____

____ ____ _____

EC JHLKCMGV: Z EU AIM GHKT.

__ _____: _ __ ___

____.

GMYZAZBLC 19:18

_____ 19:18

PUZZLE 44: (WHOEVER SLANDERS)

RHSUWUZ PBIMGUZP HAP MUADHXSZ
PUFZUKBN

__ __ __ __ __ __ __   __ __ __ __ __ __ __ __   __ __ __

__ __ __ __ __ __ __ __   __ __ __ __ __ __ __

A RABB GUPKZSN.

__   __ __ __ __   __ __ __ __ __ __ __.

RHSUWUZ HIP I HITDHKN BSSV IMG IM IZZSDIMK

__ __ __ __ __ __ __   __ __ __   __   __ __ __ __ __ __ __

__ __ __ __   __ __ __   __ __   __ __ __ __ __ __ __

HUIZK

__ __ __ __ __

A RABB MSK UMGTZU.

__   __ __ __ __   __ __ __   __ __ __ __ __ __ __.

JPIBC 101:5

__ __ __ __ __ 101:5

PUZZLE #45: (ARROGANT IN HEART IS)

KWKXZQIK ENQ BA RXXQGRIU BI NKRXU BA RI

———————— ——— ——

———————— —— —————— —— ——

RFQJBIRUBQI UQ UNK HQXM;

—————————————— —— ——— —————,

FK RAAOXKM, NK EBHH IQU GQ OIPOIBANKM.

—— —————————, —— ————— ———

—— ——————————.

PXQWKXFA 16:5

———————— 16:5

PXBMK GQKA FKVQXK MKAUXOTUBQI,

————— ————— ——————

———————————,

RIM R NROGNUZ APBXBU FKVQXK R VRHH.

——— ———————— ——————

—————— — ————.

PXQWKXFA 16:18

———————— 16:18

UNKXK BA R ERZ UNRU AKKJA XBGNU UQ R JRI,

————— —— — ——— ————

————— —————— —— — ————,

FOU BUA KIM BA UNK ERZ UQ MKRUN.

_ _ _   _ _ _   _ _ _   _ _   _ _ _   _ _ _   _ _

_ _ _ _ _.

PXQWKXFA 16:25

_ _ _ _ _ _ _ _ 16:25

PUZZLE 46: (ON HIM, BECAUSE)

TNGLANXL, PJV ARJYKL PJVBFLK, CL XVCSLUM

———————, ——— ——— ———

——————, —— ————————

MJ MRL LTZLKX. UTJMRL PJVKXLTQLX,YTT JE

—— —— ———————. ——————

————————, ——— ———

PJV, ANMR RVINTNMP MJAYKZ JBL YBJMRLK, EJK

———, ———— ————————

—————— ——— ————————, ———

"FJZ JDDJXLX MRL DKJVZ CVM FNQLX FKYUL MJ

"——— ———————— ——— —————

——— —————— —————— ——

MRL RVICTL."

——— ——————."

RVICTL PJVKXLTQLX, MRLKLEJKL,VBZLK MRL

—————— ——————————,

———————, ————— ———

INFRMP RYBZ JE FJZ XJ MRYMYM MRL DKJDLK

—————— ———— —— ——— ——

———— —— ——— ——————

MNIL RL IYP LOYTM PJV, UYXMNBFYTT PJVK

————— —— ——— —————— ———,

———————— ——— ————

YBONLMNLX JB RNI, CLUYVXL RL UYKLX EJK PJV.

_ _ _ _ _ _ _ _ _   _ _   _ _ _—,

_ _ _ _ _ _ _ _   _ _   _ _ _ _ _   _ _ _   _ _ _.

1 DLMLK 5:5–7

1 _ _ _ _ _ 5:5–7

PUZZLE 47: (I HAD CHERISHED)

MR M NEL SNUVMINUL MTMKAMBQ MT CQ NUEVB,

_ _   _   _ _ _   _ _ _ _ _ _ _

_ _ _ _ _ _ _ _   _ _   _ _   _ _ _ _ _—,

BNU FOVL WOAFL TOB NEYU FMIBUTUL.

_ _ _   _ _ _ _   _ _ _ _ _   _ _ _   _ _ _ _

_ _ _ _ _ _ _ _.

GAB BVAFQ ZOL NEI FMIBUTUL;

_ _ _   _ _ _ _ _ _   _ _ _   _ _ _

_ _ _ _ _ _ _ _—,

NU NEI EBBUTLUL BO BNU YOMSU OR CQ

_ _   _ _ _   _ _ _ _ _ _ _ _ _   _ _   _ _ _

_ _ _ _ _   _ _   _ _

PVEQUV.

_ _ _ _ _ _.

PIEFC 66:18–19

_ _ _ _ _ 66:18–19

PUZZLE 48: (FATHER ALSO WHO IS IN)

AURKG, P ZHG AQ GQR, YCQJOJU ZHGZ AQ ACPZ

—————, — ——— —— ———,

———————— ———— —— ————

NQREAHPE, 'WJ AHTJE RI HEL ACUQYE PEAQ ACJ

————————, '—— —————— —— ———

——————— ———— ———

ZJH,' HEL LQJZ EQA LQRWA PE CPZ CJHUA, WRA

———,' ——— ———— ——— —————

—— ——— ——————, ———

WJKPJOJZ ACHAYCHA CJ ZHGZYPKK BQNJ AQ

————————— ———— ———— ——

———— ———— ———— ——

IHZZ, PAYPKK WJ LQEJVQU CPN. ACJUJVQUJ P

—————, —— ———— —— ———— ———

———. —————————— —.

AJKK GQR, YCHAJOJU GQR HZT PE IUHGJU,

———— ———, —————————— ———

——— —— ———————,

WJKPJOJ ACHA GQR CHOJ UJBJPOJL PA, HEL PA

————————— ———— ——— ————

————————— ——, ——— ——

YPKK WJ GQRUZ. HEL YCJEJOJU GQR ZAHEL

———— —— ——————. ———

———————— ——— —————

IUHGPEM, VQUMPOJ, PV GQR CHOJ HEGACPEM

————————, ————————, —— ———

———— ————————

HMHPEZA HEGQEJ, ZQ ACHA GQRU VHACJU HKZQ

———————— ——————, —— ————

———— ———————— ————

YCQ PZ PE CJHOJE NHG VQUMPOJ GQR GQRU

——— —— —— —————— ———

———————— ——— ————

AUJZIHZZJZ."

——————————."

NHUT 11:23–25
— —— —— 11:23–25

PUZZLE 49: (MERCY AND FIND GRACE TO)

NOI RU QO XOY EDLU D EJKE GIJUMY REO JM

___ __ __ ___ ____ _ ____

_____ ___ __

SXDCWU YO MZBGDYEJHU RJYE OSI

_____ __ _____

____ ___

RUDTXUMMUM, CSY OXU REO JX ULUIZ
IUMGUFY

_____, ___ ___ ___

__ _____ _____

EDM CUUX YUBGYUQ DM RU DIU, ZUY RJYEOSY

___ ____ _____ __ __

___, ___ _____

MJX. WUY SM YEUX RJYE FOXNJQUXFU QIDR

___. ___ __ ____ ____

_____ ____

XUDI YO YEU YEIOXU ON KIDFU, YEDY RU BDZ

____ __ ___ _____ __

_____, ____ __ ___

IUFUJLU BUIFZ DXQ NJXQ KIDFU YO EUWG JX

_____ _____ ___ ____

_____ __ ____ __

YJBU ON XUUQ.

_ _ _ _ _ _ _ _ _ _—.

EUCIURM 4:15–16

_ _ _ _ _ _ _ 4:15–16

PUZZLE 50: (TOWARD HIM, THAT IF WE)

YXL HERP RP HEQ ACXIRLQXAQ HEYH OQ EYFQ

___ ____ __ ___

_____ ____ __ ____

HCOYVL ERU, HEYH RI OQYPG YXNHERXJ

_____ ____, ____ __ __

___ _____

YAACVLRXJ HC ERP ORSS EQ EQYVP MP. YXL RI

_____ __ ___ ____ __

_____ __. ___ __

OQ GXCO HEYH EQ EQYVP MP RX OEYHQFQV

__ ____ ____ __ _____ __

__ _____

OQYPG, OQ GXCO HEYH OQ EYFQ HEQ

__ ____, __ ____ ____ __

____ ___

VQZMQPHP HEYH OQ EYFQ YPGQL CI ERU.

_____ ____ __ ____

_____ __ ___.

1 BCEX 5:14–15

1 __ __ __ __ 5:14–15

CRYPTOGRAM SOLUTIONS

PUZZLE 1:
The Revelation of Jesus Christ, which God gave Him to show His servants-things which must shortly take place. And He sent and signified it by His angel to His servant John. Revelation 1:1

PUZZLE 2:
In you our fathers trusted; they trusted, and you delivered them. To you they cried and were rescued; in you they trusted and were not put to shame. Psalm 22:4–5

PUZZLE 3:
Many are the sorrows of the wicked, but steadfast love surrounds the one who trusts in the Lord. Psalm 32:10

PUZZLE 4:
"For God so loved the world, that he gave his only Son, that whoever believes in him should not perish but have eternal life. For God did not send his Son into the world to condemn the world, but in order that the world might be saved through him. John 3:16–17

PUZZLE 5:
Jesus said to him, "I am the way, and the truth, and the life. No one comes to the Father except through me. John 14:6

PUZZLE 6:
The one who offers thanksgiving as his sacrifice glorifies me; to one who orders his way rightly I will show the salvation of God!" Psalm 50:23

PUZZLE 7:
I will give thanks to the Lord with my whole heart; I will recount all of your wonderful deeds. Psalm 9:1

PUZZLE 8:

Be strong, and let your heart take courage, all you who wait for the Lord! Psalm 31:24

PUZZLE 9:

You keep him in perfect peace whose mind is stayed on you, because he trusts in you. Trust in the Lord forever, for the Lord God is an everlasting rock. Isaiah 26:3–4

PUZZLE 10:

Indeed, we felt that we had received the sentence of death. But that was to make us rely not on ourselves but on God who raises the dead. 2 Corinthians 1:9

PUZZLE 11:

The fear of man lays a snare, but whoever trusts in the Lord is safe. Proverbs 29:25

PUZZLE 12:

And I am sure of this, that he who began a good work in you will bring it to completion at the day of Jesus Christ. Philippians 1:6

PUZZLE 13:

I appeal to you therefore, brothers, by the mercies of God, to present your bodies as a living sacrifice, holy and acceptable to God, which is your spiritual worship. Romans 12:1

PUZZLE 14:

Enter his gates with thanksgiving, and his courts with praise! Give thanks to him; bless his name! Psalm 100:4

PUZZLE 15:

Fear not, for I am with you; be not dismayed, for I am your God; I will strengthen you, I will help you, I will uphold you with my righteous right hand. Isaiah 41:10

PUZZLE 16:

Beloved, we are God's children now, and what we will be has not yet appeared; but we know that when he appears we shall be like him, because we shall see him as he is. 1 John 3:2

PUZZLE 17:

The Lord is my light and my salvation; whom shall I fear? The Lord is the stronghold of my life; of whom shall I be afraid? Psalm 27:1

PUZZLE 18:

"Whoever receives one such child in my name receives me, but whoever causes one of these little ones who believe in me to sin, it would be better for him to have a great millstone fastened around his neck and to be drowned in the depth of the sea. Matthew 18:5–6

PUZZLE 19:

Trust in the Lord with all your heart, and do not lean on your own understanding. In all your ways acknowledge him, and he will make straight your paths. Proverbs 3:5–6

PUZZLE 20:

Those who trust in the Lord are like Mount Zion, which cannot be moved, but abides forever. As the mountains surround Jerusalem, so the Lord surrounds his people, from this time forth and forevermore. Psalm 125:1–2

PUZZLE 21:

Which is why I suffer as I do. But I am not ashamed, for I know whom I have believed, and I am convinced that he is able to guard until that Day what has been entrusted to me. 2 Timothy 1:12

PUZZLE 22:

Oh give thanks to the Lord; call upon his name; make known his deeds among the peoples! Sing to him, sing praises to him; tell of all his wondrous works! Psalm 105:1–2

PUZZLE 23:

Do not be anxious about anything, but in everything by prayer and supplication with thanksgiving let your requests be made known to God. Philippians 4:6

PUZZLE 24:

For I am not ashamed of the gospel, for it is the power of God for salvation to everyone who believes, to the Jew first and also to the Greek. Romans 1:16

PUZZLE 25:

Then he said to them, "Go your way. Eat the fat and drink sweet wine and send portions to anyone who has nothing ready, for this day is holy to our Lord. And do not be grieved, for the joy of the Lord is your strength." Nehemiah 8:10

PUZZLE 26:

For the Son of God, Jesus Christ, whom we proclaimed among you, Silvanus and Timothy and I, was not Yes and No, but in him it is always Yes. For all the promises of God find their Yes in him. That is why it is through him that we utter our Amen to God for his glory. 2 Corinthians 1:19–20

PUZZLE 27:

May the God of hope fill you with all joy and peace in believing, so that by the power of the Holy Spirit you may abound in hope. Romans 15:13

PUZZLE 28:

What if some were unfaithful? Does their faithlessness nullify the faithfulness of God? By no means! Let God be true though every one were a liar, as it is written, "That you may be justified in your words, and prevail when you are judged." Romans 3:3–4

PUZZLE 29:

Consider him who endured from sinners such hostility against himself, so that you may not grow weary or fainthearted. In your struggle against sin you have not yet resisted to the point of shedding your blood. Hebrews 12:3–4

PUZZLE 30:

Let it be known to you therefore, brothers, that through this man forgiveness of sins is proclaimed to you, and by him everyone who believes is freed from everything from which you could not be freed by the law of Moses. Acts 13:38–39

PUZZLE 31:

But if we walk in the light, as he is in the light, we have fellowship with one another, and the blood of Jesus his Son cleanses us from all sin. If we say we have no sin, we deceive ourselves, and the truth is not in us. If we confess our sins, he is faithful and just to forgive us our sins and to cleanse us from all unrighteousness. 1 John 1:7–9

PUZZLE 32:

Let no one say when he is tempted, "I am being tempted by God," for God cannot be tempted with evil, and he himself tempts no one. But each person is tempted when he is lured and enticed by his own desire. Then desire when it has conceived gives birth to sin, and sin when it is fully grown brings forth death. James 1:13–15

PUZZLE 33:

For this reason I bow my knees before the Father, from whom every family in heaven and on earth is named, that according to the riches of his glory he may grant you to be strengthened with power through his Spirit in your inner being, so that Christ may dwell in your hearts through faith—that you, being rooted and grounded in love, may have strength to comprehend with all the saints what is the breadth and length and height and depth, and to know the love of Christ that surpasses knowledge, that you may be filled with all the fullness of God. Ephesians 3:14–19

PUZZLE 34:

But he said to me, "My grace is sufficient for you, for my power is made perfect in weakness." Therefore I will boast all the more gladly of my weaknesses, so that the power of Christ may rest upon me. For the sake of Christ, then, I am content with weaknesses, insults, hardships, persecutions, and calamities. For when I am weak, then I am strong. 2 Corinthians 12:9–10

PUZZLE 35:

For what does the Scripture say? "Abraham believed God, and it was counted to him as righteousness." Now to the one who works, his wages are not counted as a gift but as his due. And to the one who does not work but believes in him who justifies the ungodly, his faith is counted as righteousness. Romans 4:3–5

PUZZLE 36:

And this is the confidence that we have toward him, that if we ask anything according to his will he hears us. And if we know that he hears us in whatever we ask, we know that we have the requests that we have asked of him. 1 John 5:14–15

PUZZLE 37:

For I am sure that neither death nor life, nor angels nor rulers, nor things present nor things to come, nor powers, nor height nor depth, nor anything else in all creation, will be able to separate us from the love of God in Christ Jesus our Lord. Romans 8:38–39

PUZZLE 38:

And when Jesus had crossed again in the boat to the other side, a great crowd gathered about him, and he was beside the sea. Then came one of the rulers of the synagogue, Jairus by name, and seeing him, he fell at his feet and implored him earnestly, saying, "My little daughter is at the point of death. Come and lay your hands on her, so that she may be made well and live." And he went with him. Mark 5:21–24

PUZZLE 39:

The Lord is on my side; I will not fear. What can man do to me? The Lord is on my side as my helper; I shall look in triumph on those who hate me. It is better to take refuge in the Lord than to trust in man. It is better to take refuge in the Lord than to trust in princes. Psalm 118:6–9

PUZZLE 40:

Trust in the Lord, and do good; dwell in the land and befriend faithfulness. Delight yourself in the Lord, and he will give you the desires of your heart. Commit your way to the Lord; trust in him, and he will act. He will bring forth your righteousness as the light, and your justice as the noonday. Psalm 37:3–6

PUZZLE 41:

Because, if you confess with your mouth that Jesus is Lord and believe in your heart that God raised him from the dead, you will be saved. For with the heart one believes and is justified, and with the mouth one confesses and is saved. For the Scripture says, "Everyone who believes in him will not be put to shame." For there is no distinction between Jew and Greek; for the same Lord is Lord of all, bestowing his riches on all who call on him. For "everyone who calls on the name of the Lord will be saved." Romans 10:9–13

PUZZLE 42:

If your enemy is hungry, give him bread to eat, and if he is thirsty, give him water to drink, for you will heap burning coals on his head, and the Lord will reward you. Proverbs 25:21–22

PUZZLE 43:

You shall not take vengeance or bear a grudge against the sons of your own people, but you shall love your neighbor as yourself: I am the Lord. Leviticus 19:18

PUZZLE 44:

Whoever slanders his neighbor secretly I will destroy. Whoever has a haughty look and an arrogant heart I will not endure. Psalm 101:5

PUZZLE 45:

Everyone who is arrogant in heart is an abomination to the Lord; be assured, he will not go unpunished. Proverbs 16:5
Pride goes before destruction, and a haughty spirit before a fall. Proverbs 16:18
There is a way that seems right to a man, but its end is the way to death. Proverbs 16:25

PUZZLE 46:

Likewise, you who are younger, be subject to the elders. Clothe yourselves, all of you, with humility toward one another, for "God opposes the proud but gives grace to the humble." Humble yourselves, therefore, under the mighty hand of God so that at the proper time he may exalt you, casting all your anxieties on him, because he cares for you. 1 Peter 5:5–7

PUZZLE 47:

If I had cherished iniquity in my heart, the Lord would not have listened. But truly God has listened; he has attended to the voice of my prayer. Psalm 66:18–19

PUZZLE 48:

Truly, I say to you, whoever says to this mountain, 'Be taken up and thrown into the sea,' and does not doubt in his heart, but believes that what he says will come to pass, it will be done for him. Therefore I tell you, whatever you ask in prayer, believe that you have received it, and it will be yours. And whenever you stand praying, forgive, if you have anything against anyone, so that your Father also who is in heaven may forgive you your trespasses." Mark 11:23–25

PUZZLE 49:

For we do not have a high priest who is unable to sympathize with our weaknesses, but one who in every respect has been tempted as we are, yet without sin. Let us then with confidence draw near to the throne of grace, that we may receive mercy and find grace to help in time of need. Hebrews 4:15–16

PUZZLE 50:

And this is the confidence that we have toward him, that if we ask anything according to his will he hears us. And if we know that he hears us in whatever we ask, we know that we have the requests that we have asked of him. 1 John 5:14–15

Part Two
CROSSWORD PUZZLES

PUZZLE 1: SONGS OF THE SEASON

ACROSS

1. Start of 15 and 31-Across
6. Eggs of science
9. Thai tongue
12. ___ metabolism
13. Part of KJV
15. Starting with 1-Across, seasonal Christian song
17. Name of 13 popes
18. Aquatic bird
19. ABA member
20. *The Fountainhead* author Rand

21. Letters in some church names
22. Trio in Bethlehem
25. Caroling song
28. ___ gratias
31. Starting with 1-Across, seasonal Christian song
34. Siouan Native American
35. Radar-screen image
36. Copied
37. Apply lightly
39. Hot temper

41. Mass garments

43. " . . . also ___ herself received strength" (Hebrews 11:11)

45. Bonnet invader

48. Seasonal Christian song

51. Rings of color

52. Uneven, as if gnawed away

53. Map abbrs.

54. "With him is an ___ of flesh" (2 Chronicles 32:8)

55. " . . . glory of the Lord is ___ upon thee" (Isaiah 60:1)

DOWN

1. Son of Joktan (Genesis 10:28)

2. Auto racer Yarborough

3. Norwegian capital

4. " . . . call him, that he ___ eat bread" (Exodus 2:20)

5. A song of mourning

6. Egg shape

7. "And the ___ of the temple . . ." (Mark 15:38)

8. "And he said, Who ___ thou?" (Ruth 3:9)

9. "And he ___ his eyes on his disciples" (Luke 6:20)

10. Hot time in Quebec

11. One's partner

14. Pillow cover

16. Tornado part

20. "We ___ to please!"

21. Chicken ___ king

22. Cow's remark

23. Make a scene?

24. Farewells

26. Gosh preceder

27. Holy Roman ___

29. Ample shoe width

30. Methuselah-like

32. Fall off, as the tide

33. Dundee denial

38. " . . . ___ fill so great a multitude?" (Matthew 15:33)

40. Less refined

41. Open just a bit

42. Jesus Christ

43. " . . . there shall come a ___ out of Jacob" (Numbers 24:17)

44. "Excuse me!"

45. Cain and Abel, for example (Abbr.)

46. "I am the LORD, and there is none ___" (Isaiah 45:5)

47. Biblical garden spot

49. Ending for pay or Cray

50. "___ only and Barnabas" (1 Corinthians 9:6)

PUZZLE 2: BIBLICAL ARMORY

ACROSS

1. Jason's fictional ship
5. Go wrong
8. One of seven in the Book of Revelation
12. "Is there ___ in thy father's house" (Genesis 24:23)
13. Golly!
14. Length x width
15. "Her end is bitter as wormwood, sharp as a ___" (Proverbs 5:4)
18. Marsh plant
19. "Wilt thou break a leaf driven to and ___?" (Job 13:25)
20. Tofu source
21. "Therefore I will ___ and howl" (Micah 1:8)
23. "These all continued with ___ accord in prayer" (Acts 1:14)
25. "The Greatest" boxer
27. Guitarist's gadget
29. North Sea feeder
33. "And he had an ___ upon his head" (1 Samuel 17:5)

36. Fly alone
37. Wedding-cake layer
38. Snooze
39. "___ to thee, Moab!" (Numbers 21:29)
41. "And all flesh ___ that moved upon the earth" (Genesis 7:21)
43. Hole-punching tool
46. Sardonic
48. Ant

51. "Above all, taking the ___" (Ephesians 6:16)
54. Peachy
55. "___ they not all ministering spirits" (Hebrews 1:14)
56. "For we which have believed do enter ___ rest" (Hebrews 4:3)
57. Two-by-four
58. Coniferous evergreen
59. Suggestive look

DOWN

1. They can be fine or graphic
2. Poet laureate Nicholas
3. "With ___ doing service, as to the Lord" (Ephesians 6:7)
4. "I am Alpha and ___" (Revelation 1:8)
5. Breakfast staple
6. Coral structure
7. Like some popular inns?
8. "And I ___ when the Lamb opened one of the seals" (Revelation 6:1)
9. Greek god of love
10. Word with dynamic or space
11. Tramp's spaghetti-dinner date
16. Clear a frozen windshield
17. Trinity member
22. The Church of Jesus Christ of ___ Saints
24. Always, poetically
25. Contented sighs

26. ___ the lion
28. Luau side dish
30. Hidden explosive
31. Scouting org.
32. Psychic's claim, for short
34. Use a scythe
35. Legal document
40. "There shall the great ___ make her nest" (Isaiah 34:15)
42. Electronic communication
43. Queries
44. "If he turn not, he will ___ his sword" (Psalm 7:12)
45. Stead
47. Ancient times
49. Suffix with kitchen or luncheon
50. Comic-book superhero
52. " . . . came to pass at the ___ of forty days" (Genesis 8:6)
53. "And ye shall be left ___ in number" (Deuteronomy 28:62)

PUZZLE 3: BIBLICAL ASTRONOMY

ACROSS

1. PC alternative
4. Author Kingsley ___
8. Fail to mention
12. Attorney's org.
13. Designer Chanel
14. Lyrical Porter
15. "So the ___ in the midst of heaven" (Josh. 10:13)
18. Tent post
19. "...and thou shalt call his ___ JESUS" (Matt. 1:21)
20. Adjutant
22. Affected by poison ivy
26. Teenager's woe
28. Letter-to-Santa enclosure
31. "My beloved is like a ___ or a young hart" (Sol. 2:9)
32. "Who is she that looketh forth as the morning, ___" (Sol.)
35. "Why ___ thou cast down, O my soul?" (Ps. 42:5)

36. "And every ___ had four brasen wheels" (1Kings 7:30)
37. "He shall suck the poison of ___" (Job 20:16)
38. Like clarinets
40. Lairs
42. Mountain in Thessaly
45. Cello relative
48. "I will multiply your seed as the ___" (Ex. 32:13)

52. "The righteous shall flourish like the ___ tree" (Ps. 92:1)
53. *The* ___ *Giant* (animated film)
54. "And it came to pass at the ___ of forty days" (Gen. 8:6)
55. Line about which the earth turns
56. Highs' partners
57. Cowboy singer Rogers

DOWN

1. Certain church service
2. Border
3. "Simon the ___" (Matt. 10:4)
4. Was part of a cast
5. Dairy farm sound
6. Sacred image
7. Fountain treat
8. Group of eight
9. "Me?" to Miss Piggy
10. "Love worketh no ___ to his neighbour" (Rom. 13:10)
11. ___ Aviv
16. Downhill racer
17. Strike, biblically
21. *Born Free* lioness
23. Go from country to pop, e.g.
24. Hula ___
25. Yearnings
26. A long way off

27. Have feelings
29. "That which groweth of ___ own accord" (Lev. 25:5)
30. "And Reuben said unto them, ___ no blood" (Gen. 37:22)
33. Bottomless pit
34. Frenzy
39. Undergrad digs
41. Smooths
43. Earth
44. Ethnic coif
46. Late night Jay
47. Rooney or Hardy
48. Sauna site
49. Matthew was a ___ collector
50. He floated "like a butterfly"
51. "___ unsearchable are his judgments" (Rom. 11:33)

PUZZLE 4: PROPHETS

1	2	3		4	5	6	7		8	9	10	11
12				13					14			
15				16					17			
18			19		20			21			
22				23			24				
25						26			27			
			28		29			30			
31	32	33		34				35		36	37	38
39			40				41				
42					43			44			
45					46			47		48		
49					50			51			
52					53			54			

ACROSS

1. Pod occupant
4. What Peter wore in Rome, perhaps
8. Where Jesus was pierced with a spear
12. Ems' followers
13. Egyptian canal
14. "___ Death" (Grieg composition)
15. "And I ___ another sign in heaven" (Revelation 15:1)
16. ___ colada
17. Soda jerk's offering
18. Long-distance runner Zatopek
20. Prophet whose book precedes Lamentations
22. Saintly Mother of Calcutta
24. Deranged
25. Islamic deity
26. "Why is thy countenance ___" (Nehemiah 2:2)

27. "And they departed from
    mount ___"
    (Numbers 33:41)
28. Flash flood
31. Org. with refunds
34. Suffix for sermon or
    motor
35. Prophet in Exodus 7:1
39. Rogaine alternative
41. Valuable weasel fur
42. Prophet whose book follows
    Nahum

44. "Now my days are swifter
    than a ___" (Job 9:25)
45. Prophet whose book is
    between Joel and Obadiah
46. Spring bloom
48. Make lace
49. Breath mint brand
50. *Giant* author Ferber
51. Building extension
52. "Comus" composer Thomas
53. Totes
54. Poor grade

DOWN

1. Money in Málaga
2. Kind of paint
3. Eddying
4. Recipe amt.
5. Board used in séances
6. Actor Wilder
7. Prophet in 2 Chronicles 15:1–8
8. Emma of *Dynasty*
9. Prophet whose book follows
   Song of Solomon
10. FDR's middle name
11. She prevented the massacre of
    the Persian Jews
19. "Wilt thou break a ___ driven
    to and fro?" (Job 13:25)
21. Make beloved
23. Utter a shrill cry

26. Opposite of NNW
29. Prophet whose book precedes
    Daniel
30. Pack down
31. Locale of Cornell University
32. Nomad
33. Induce to commit a crime
36. Had a public outburst
37. Bargain hunter's favorite
    words
38. Bother
40. School glue
41. ___ out an existence (scraping
    by)
43. Language of Pakistan
47. Airline to Stockholm (Abbr.)

PUZZLE 5: TOWNS IN THE BIBLE

ACROSS

1. Old Testament book
5. He died "old and full of days"
8. Assist
12. Flood survivor
13. Period of time
14. Like the desert of Sinai
15. City destroyed by God
17. "None is so fierce that dare ___ him up" (Job 41:10)
18. Actor Julia
19. "Suzanne" composer Leonard ___
20. Sounds from Gideon's trumpet?
23. Ringlet
24. Traditional knowledge
25. Some electrical devices
29. Kimono sash
30. Broadway failures
31. " . . . and the archers ___ him" (1 Samuel 31:3)
32. "And ye are ___ in him" (Colossians 2:10)
34. Butte kin

35. Grad
36. Wanderer
38. Bandleader Shaw
40. "The ___ are a people not strong" (Proverbs 30:25)
41. "He saith among the trumpets, ___" (Job 39:25)
42. "... Lord Jesus Christ, let him be ___ Maranatha" (1 Corinthians 16:22)

46. "For ___ hereunto were ye called" (1 Peter 2:21)
47. Wildebeest
48. "Thou shalt not follow a multitude to do ___" (Exodus 23:2)
49. Carnivore's diet
50. Son of 12-Across
51. "And Jacob said, ___ me this day thy birthright" (Genesis 25:3)

DOWN

1. Chang's twin
2. San Diego tourist mecca
3. Abraham found one caught in a thicket
4. "My kingdom for ___!"
5. "... children of Judah had fought against ___" (Jude 1:8)
6. Spoken
7. Humbug!
8. Classify
9. "Now when Jesus was born in ___ of Judaea" (Matthew 2:1)
10. Cleveland's lake
11. Gull relative
16. Betrayer
19. "... as the washing of pots and ___" (Mark 7:8)
20. Alliance
21. Timber wolf
22. Joseph of ___

23. Simon Peter's hometown on the Sea of Galilee
26. Decimal point
27. "And the children shall ___ up against their parents" (Matthew 10:21)
28. What the Magi followed
30. Chimney part
33. Flexible
34. Prepares potatoes?
37. Mel the Giant baseballer
38. "Pardon me!"
39. Pan's opposite
40. Prophetess mentioned in Luke 2:36
42. Kabul coin (Abbr.)
43. Adam's mate
44. Wire measure
45. "Follow peace with ___ men" (Hebrews 12:14)

CROSSWORD PUZZLE SOLUTIONS

PUZZLE 1: SONGS OF THE SEASON

PUZZLE 3: BIBLICAL ASTRONOMY

PUZZLE 2: BIBLICAL ARMORY

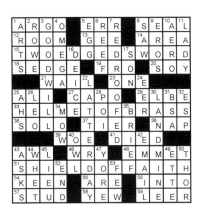

PUZZLE 4: PROPHETS

PUZZLE 5: TOWNS IN THE BIBLE

E¹	Z²	R³	A⁴	■	J⁵	O⁶	B⁷	■	A⁸	B⁹	E¹⁰	T¹¹
N¹²	O	A	H	■	E¹³	R	A	■	S¹⁴	E	R	E
G¹⁵	O	M	O	R¹⁶	R	A	H	■	S¹⁷	T	I	R
■	■	■	R¹⁸	A	U	L	■	C¹⁹	O	H	E	N
B²⁰	L²¹	A²²	S	T	S	■	C²³	U	R	L	■	■
L²⁴	O	R	E	■	A²⁵	D²⁶	A	P	T	E	R²⁷	S²⁸
O²⁹	B	I	■	F³⁰	L	O	P	S	■	H³¹	I	T
C³²	O	M	P³³	L	E	T	E	■	M³⁴	E	S	A
■	■	A³⁵	L	U	M	■	R³⁶	O³⁷	A	M	E	R
A³⁸	R³⁹	T	I	E	■	A⁴⁰	N	T	S	■	■	■
H⁴¹	A	H	A	■	A⁴²	N	A	T	H	E⁴³	M⁴⁴	A⁴⁵
E⁴⁶	V	E	N	■	G⁴⁷	N	U	■	E⁴⁸	V	I	L
M⁴⁹	E	A	T	■	H⁵⁰	A	M	■	S⁵¹	E	L	L

Part Three
SUDOKU

How to Play Biblical Sudoku

Sudoku is one of the most popular games in the world. Playing requires no word, calculation, or arithmetic skills whatsoever. It is a simple game of placing numbers in squares using logic. These fun puzzles are solved worldwide by children and adults alike. But these forty puzzles have a unique biblical twist to them, as you'll soon learn after reviewing the rules.

Sudoku Objective

The objective of Sudoku is to fill in all the blank squares with a number from 1 to 9. Zero is never used. There are three very simple rules to follow:

Every **row** of 9 numbers must include all digits 1 through 9 without repeats in any order

Every **column** of 9 numbers must include all digits 1 through 9 without repeats in any order

Every 3 by 3 **subsection** of the 9 by 9 square must include all digits 1 through 9 without repeats in any order.

All Sudoku puzzles begin with a number of squares already filled in, making solving the puzzles possible through a little logic. As you fill in the blank squares correctly, options for the remaining squares are narrowed and it becomes easier and easier to fill them in. I've gone one step further. In each puzzle are three gray squares that correspond to the chapter and verse of a Bible Scripture listed. This can be a major clue for you as you solve these puzzles. Take your time and enjoy!

Genesis 22:17 states, "Indeed I will greatly bless you, and I will greatly multiply your seed as the stars of the heavens and as the sand which is on the seashore; and your seed shall possess the gate of their enemies." Jeremiah 33:22 declares, "As the host of heaven cannot be numbered, nor the sand of the sea measured, so will I multiply the descendants of David My servant and the Levites who minister to Me." Thousands of years ago, the Bible revealed the vast number of stars in our universe.

PUZZLE 1

		1			3	6		
4					1			
	3	8	2					9
2		8	3		4	5	1	
			░	░	░			
	1	7	2		5	9		4
8				5	2	4		
			6					3
		4	7			8		

Clue:

Genesis __ : __ __

And God said unto Noah, This is the token of the covenant, which I have established between me and all flesh that is upon the earth.

PUZZLE 2

5							6	
	3	1	7		9			5
	9					7		4
	1			9		3		
				3		░	░	░
		3		6			4	
7		8					5	
3			1		4	8	7	
	6							2

Clue:

1 Corinthians __ : __ __

What? know ye not that your body is the temple of the Holy Ghost which is in you, which ye have of God, and ye are not your own?

PUZZLE 3

			1			2	7	
			5	3	▓	▓		▓
		1					5	6
	3	7			5		2	
6								1
	1		3			4	6	
1	9					7		
			7	2				
		6	8			9		

Clue:

Proverbs __ __ : __

The words of a man's mouth are as deep waters, and the
wellspring of wisdom as a flowing brook.

PUZZLE 4

		5						
	6			1	9		4	
7				5	8	6	2	
							8	3
4			7		8			5
9	1		▓	▓	▓			
5	7	6	9					8
	8		2	5			1	
					3			

Clue:

Luke __ : __ __

Whether is easier, to say, Thy sins be forgiven thee; or to say,
Rise up and walk?

PUZZLE 5

	3		8			4		
	1			5			2	
		8		4	9	1		
	7				5			
		2	6		8	5		
			1				9	
		3	2	8		7		
	8			6			1	
		4			1		5	

Clue:

Genesis __ __ : __

And God Almighty bless thee, and make thee fruitful, and multiply thee, that thou mayest be a multitude of people.

PUZZLE 6

4					7	8		
		6						2
7	3					6	4	5
	1	3		2			6	
				5				
	4			8		3	5	
2	6	4					8	9
1						2		
		8	1					4

Clue:

1 Corinthians __ : __ __

What will ye? shall I come unto you with a rod, or in love, and in the spirit of meekness?

PUZZLE 7

	1		2		4			
		9				3		
6				8	▓	▓	▓	
	5	3			7			8
8	2						1	3
7			2			9	5	
			1					4
	6				2			
		7		4		8		

Clue:

1 Corinthians __ __ : __

And there are differences of administrations, but the same Lord.

PUZZLE 8

		7	▓	3	4		9	
	6		▓	▓	▓		8	
1		4	7					
				5		2	1	
6	9						5	3
	5	2		7				
					5	1		8
	3						6	
	1		2	6		9		

Clue:

Psalm __ __ : __

Wash me thoroughly from mine iniquity, and cleanse me from my sin.

PUZZLE 9

9	6		4		3	▓	▓	▓
7		2			5			
1			6	2				
4				9			5	
5	3						1	9
	1			5				7
				7	9			2
			2			1		6
			5		6		4	8

Clue:

Psalm __ __ : __

For in the time of trouble he shall hide me in his pavilion: in the secret of his tabernacle shall he hide me; he shall set me up upon a rock.

PUZZLE 10

7	9			1		5		
	2					4		
		6			5			8
2			5					
8			6		2			4
					3			1
6			8			3		
		9	▓	▓	▓		4	
		7		6			1	2

Clue:

Psalm __ __ : __

Thou shalt keep them, O LORD, thou shalt preserve them from this generation for ever.

PUZZLE 11

6				4			5	9
			9	1	2			
	3	8						
2			6		8	1		3
8		3	2		9			6
						9	6	
			4	9	6			
1	6			8				5

Clue:

Ephesians __ : __ __

For he is our peace, who hath made both one, and hath broken down the middle wall of partition between us.

PUZZLE 12

7			3				6	8
	4	8	7	5				3
				8				
	7	4						
8	5						2	7
						3	4	
				6				
6				4	9	8	1	
9	2				8			6

Clue:

Isaiah __ __ : __

But now thus saith the LORD that created thee, O Jacob, and he that formed thee, O Israel, Fear not: for I have redeemed thee, I have called thee by thy name; thou art mine.

PUZZLE 13

	8							
					8	2		9
	2		3	1	9			
8				4	6	3		1
		4				6		
1		6	5	7				4
			6	5	2		1	
5		3	1					
░	░	░					8	

Clue:

Psalm __ __ : __

Deliver me in thy righteousness, and cause me to escape: incline thine ear unto me, and save me.

PUZZLE 14

			7	9		4	1	3
			5				2	
	1			3		7		
						9	4	6
						░	░	░
6	2	8						
		4		7			9	
	3				6			
1	8	2		5	3			

Clue:

Luke __ : __ __

And she coming in that instant gave thanks likewise unto the Lord, and spake of him to all them that looked for redemption in Jerusalem.

PUZZLE 15

	5	6	9			1	8	
	7		3		5			4
	4	7	8			6		2
		8				3		
1		2			6	8	9	
4			5		7		1	
	1	5			9	4	7	

Clue:

John __ : __ __

Nathanael saith unto him, Whence knowest thou me? Jesus answered and said unto him, Before that Philip called thee, when thou wast under the fig tree, I saw thee.

PUZZLE 16

		9						
1					7			3
5	2		6				8	
		2		6	5	9		1
		5	1		8	2		
4		7	9	3		8		
	9				6		5	8
3			5					4
					3			

Clue:

Matthew __ __ : __

They that were foolish took their lamps, and took no oil with them.

PUZZLE 17

	9			4	3	5		7
	1					4		
		5						3
	4			1				
	8	▓	▓	▓		1		
			9				7	
7					6			
	5						4	
8		1	7	2			9	

Clue:

Mark __ : __ __

And the same day, when the even was come, he saith unto them,
Let us pass over unto the other side.

PUZZLE 18

	9		3	1	8			
	8			9				
	6	7		2				9
7		8			5			
	5	1		2	7			
	1					2		6
4			5			8	3	
			7				2	
▓	▓	▓	8	4	3		6	

Clue:

Psalm __ __ : __

Hide not thy face far from me; put not thy servant away in anger:
thou hast been my help; leave me not, neither forsake me, O God
of my salvation.

PUZZLE 19

7				4		9		
	2	9				8		
░	░	░	5	8				
5		2	1					
4								1
					5	7		6
				2	3			
		4				1	9	
		6		7				5

Clue:

Psalm __ __ : __

I will bless the LORD at all times: his praise shall continually be in my mouth.

PUZZLE 20

		7			1			
3				7			6	1
1			3			7		
8							7	
	9		4	1	8		2	
	4							9
		3			9			4
5	8			2				3
░	░	░	5			8		

Clue:

Philippians __ : __ __

I know both how to be abased, and I know how to abound: every where and in all things I am instructed both to be full and to be hungry, both to abound and to suffer need.

PUZZLE 21

			4	9		5	2	
				3		1	9	
			1		5		6	
		7	3				5	
	3						1	
	5				1	2		
	7		5		9			
	6	3		2				
	1	9		4	3			

Clue:

Psalm __ __ : __

O LORD, rebuke me not in thy wrath: neither chasten me in thy hot displeasure.

PUZZLE 22

5								
		7			1		6	
8	1	9		6			3	
4		8	2		6	5		
6								4
		5	1		3	7		6
	5			3		2	9	8
	9		6			3		
								1

Clue:

Job __ __ : __

The righteous also shall hold on his way, and he that hath clean hands shall be stronger and stronger.

PUZZLE 23

	8							
					8	2		9
	2		3	1	9			
8				4	6	3		1
		4				6		
1		6	5	7				4
			6	5	2		1	
5		3	1					
▓	▓	▓					8	

Clue:

Psalm __ __ : __

He shall have dominion also from sea to sea, and from the river unto the ends of the earth.

PUZZLE 24

	3			1	4			
7				8			9	4
				9	7	5		
9	6		▓	▓	▓		8	
3	2						7	6
		7					1	9
		2	1	4				
1	8			7				5
			8	2		6		

Clue:

Psalm __ __ : __

Truly God is good to Israel, even to such as are of a clean heart.

PUZZLE 25

5	3		7		9		2	
6		8						4
	7		4					
	4	9	2					7
7					5	1	4	
					8		3	
9						4		1
	1		3		4		5	8

Clue:

Psalm __ __ : __

For thy lovingkindness is before mine eyes: and I have walked in thy truth.

PUZZLE 26

	9			5		6	1	
8			9		7			
					6			
		4				2		
7			8		3			4
		3				8		
			7					
			2		5			3
	1	6		8			9	

Clue:

Matthew __ : __ __

And when he was come into the house, the blind men came to him: and Jesus saith unto them, Believe ye that I am able to do this? They said unto him, Yea, Lord.

PUZZLE 27

	7					1		2
		1	3	9	2			
8		2						
4			8				7	9
				6				
9	3				5			4
						9		6
▓	▓	▓	2	5	3	4		
3		7					2	

Clue:

Matthew __ __ : __

Do ye not yet understand, neither remember the five loaves of the five thousand, and how many baskets ye took up?

PUZZLE 28

	2	6						
					1	4	8	2
			3		2	6		7
	8	2			3	1	6	
1			▓	▓	▓			3
	3	9	6			7	2	
2		1	4		6			
7	5	3	1					
						2	1	

Clue:

Psalm __ __ : __

Who is this King of glory? The LORD strong and mighty, the LORD mighty in battle.

PUZZLE 29

			1	3			9	
		1		9	7		2	8
2	9		6					3
5	8						7	4
4					8		5	2
8	4		7	6		3		
	3			2	4			

Clue:

Ephesians __ : __ __

But now in Christ Jesus ye who sometimes were far off are made nigh by the blood of Christ.

PUZZLE 30

				6		5		1
	6	4				8		
		3	5			9	4	
		5		3				
3			8		7			9
				9		1		
	3	7			2	4		
	5					3	1	
9		8		7				

Clue:

Ehpesians __ :__ __

And to know the love of Christ, which passeth knowledge, that ye might be filled with all the fulness of God.

PUZZLE 31

			3		4			
				1		4		2
			2	5		7	8	
3	5			6	9		7	
		7				6		
	2		5	7			3	1
	9	8		4	5			
2		5		9				
			8		3			

Clue:

Revelation __ __ : __

And I heard as it were the voice of a great multitude, and as the voice of many waters, and as the voice of mighty thunderings, saying, Alleluia: for the Lord God omnipotent reigneth.

PUZZLE 32

1	2							9
			3	2				
		9	5					6
		8		1	3			
7			6		8			3
				9	2		8	
2						3	5	
				1	6			
5							4	7

Clue:

Galatians __ : __ __

But if ye be led of the Spirit, ye are not under the law.

PUZZLE 33

		2	7			1		6
	7		3	4				9
					9			
7						8	2	3
5								1
8	3	6	▓	▓	▓			7
			6					
3				2	8		4	
2		9			7	3		

Clue:

Psalm __ __ : __

Day unto day uttereth speech, and night unto night sheweth knowledge.

PUZZLE 34

1				2				
	4			7			8	
			5		3		6	
8			▓	▓	▓	7		1
	6						2	
2		5						9
	9		7		6			
	1			8			5	
				9				2

Clue:

Psalm __ __ : __

I have hated the congregation of evil doers; and will not sit with the wicked.

PUZZLE 35

			8					5
	9		1			3	7	
				6			9	
	6				5	4		
5			4		3			9
		8	7				2	
	8			3				
	4	1			7		6	
9					8			

Clue:

Matthew __ : __ __

And when they were departed, behold, the angel of the Lord appeareth to Joseph in a dream, saying, Arise, and take the young child and his mother, and flee into Egypt.

PUZZLE 36

			7					
8		2			1	6		
			3			9	4	
3	7					4		
	6			4			2	
		9					7	8
	1	5			3			
		3	4			7		1
					8			

Clue:

Mark __ : __ __

And Jesus said unto them, Can the children of the bridechamber fast, while the bridegroom is with them?

PUZZLE 37

						8	9	7
4			9					
		9	5	3			4	1
▨	▨	▨		7	6	5		
6	9		4		5		7	3
		7	3	1				
7	1			5	4	9		
					3			5
2	6	5						

Clue:

John __ __ : __

He riseth from supper, and laid aside his garments; and took a towel, and girded himself.

PUZZLE 38

		7				1		
			8	5	3	7		
			9				5	8
	9	2	▨	▨	▨			
1	4						2	9
						8	1	
4	2				7			
		8	2	4	9			
		1				6		

Clue:

Luke __ : __ __

And he withdrew himself into the wilderness, and prayed.

PUZZLE 39

			1	3			9	
		1		9	7		2	8
2	9		6					3
5	8		▓	▓	▓		7	4
4					8		5	2
8	4		7	6		3		
	3			2	4			

Clue:

John __ __ : __

Jesus answered and said unto him, What I do thou knowest not now; but thou shalt know hereafter.

PUZZLE 40

2		7		9	1			
	6			3		7		
4						8		9
		9	3				5	
▓	▓	▓		9		2		
	2				5	3		
1		2						3
		8		1			7	
			4	6		1		8

Clue:

Isaiah __ __ : __

Then shall the lame man leap as an hart, and the tongue of the dumb sing: for in the wilderness shall waters break out, and streams in the desert.

ANSWERS TO SUDOKU PUZZLE CLUES

PUZZLE 1: 917

PUZZLE 2: 619

PUZZLE 3: 184

PUZZLE 4: 523

PUZZLE 5: 283

PUZZLE 6: 421

PUZZLE 7: 125

PUZZLE 8: 512

PUZZLE 9: 275

PUZZLE 10: 127

PUZZLE 11: 214

PUZZLE 12: 431

PUZZLE 13: 712

PUZZLE 14: 238

PUZZLE 15: 148

PUZZLE 16: 253

PUZZLE 17: 435

PUZZLE 18: 279

PUZZLE 19: 341

PUZZLE 20: 412

PUZZLE 21: 381

PUZZLE 22: 179

PUZZLE 23: 728

PUZZLE 24: 731

PUZZLE 25: 263

PUZZLE 26: 928

PUZZLE 27: 169

PUZZLE 28: 248

PUZZLE 29: 213

PUZZLE 30: 319

PUZZLE 31: 196

PUZZLE 32: 518

PUZZLE 33: 192

PUZZLE 34: 265

PUZZLE 35: 213

PUZZLE 36: 219

PUZZLE 37: 134

PUZZLE 38: 516

PUZZLE 39: 137

PUZZLE 40: 356

SUDOKU PUZZLE SOLUTIONS

PUZZLE 1

9	8	1	4	7	3	6	2	5
4	6	2	5	9	1	7	3	8
7	5	3	8	2	6	1	4	9
2	9	8	3	6	4	5	1	7
5	4	6	9	1	7	3	8	2
3	1	7	2	8	5	9	6	4
8	3	9	1	5	2	4	7	6
1	7	5	6	4	8	2	9	3
6	2	4	7	3	9	8	5	1

PUZZLE 3

9	5	4	1	6	8	2	7	3
2	7	6	9	5	3	1	8	4
3	8	1	2	7	4	9	5	6
4	3	7	6	1	5	8	2	9
6	2	9	4	8	7	5	3	1
8	1	5	3	9	2	4	6	7
1	9	2	8	3	6	7	4	5
5	4	3	7	2	1	6	9	8
7	6	8	5	4	9	3	1	2

PUZZLE 2

5	7	4	3	8	2	9	6	1
6	3	1	7	4	9	2	8	5
8	9	2	6	1	5	7	3	4
4	1	6	5	9	7	3	2	8
2	5	7	4	3	8	6	1	9
9	8	3	2	6	1	5	4	7
7	4	8	9	2	6	1	5	3
3	2	9	1	5	4	8	7	6
1	6	5	8	7	3	4	9	2

PUZZLE 4

8	4	5	6	7	2	9	3	1
2	6	3	8	1	9	5	4	7
7	9	1	3	4	5	8	6	2
6	5	7	1	9	4	2	8	3
4	3	2	7	6	8	1	9	5
9	1	8	5	2	3	6	7	4
5	7	6	9	3	1	4	2	8
3	8	4	2	5	6	7	1	9
1	2	9	4	8	7	3	5	6

PUZZLE 5

9	3	6	8	1	2	4	7	5
4	1	7	3	5	6	9	2	8
5	2	8	7	4	9	1	3	6
6	7	1	4	9	5	2	8	3
3	9	2	6	7	8	5	4	1
8	4	5	1	2	3	6	9	7
1	5	3	2	8	4	7	6	9
2	8	9	5	6	7	3	1	4
7	6	4	9	3	1	8	5	2

PUZZLE 7

5	3	1	7	2	6	4	8	9
2	4	8	9	5	1	6	3	7
6	7	9	4	3	8	1	2	5
9	5	3	6	1	7	2	4	8
8	2	6	5	9	4	7	1	3
7	1	4	2	8	3	9	5	6
3	8	2	1	6	9	5	7	4
4	6	5	8	7	2	3	9	1
1	9	7	3	4	5	8	6	2

PUZZLE 6

4	2	5	6	1	7	8	9	3
9	8	6	4	3	5	7	1	2
7	3	1	2	9	8	6	4	5
5	1	3	7	2	4	9	6	8
8	7	9	3	5	6	4	2	1
6	4	2	9	8	1	3	5	7
2	6	4	5	7	3	1	8	9
1	5	7	8	4	9	2	3	6
3	9	8	1	6	2	5	7	4

PUZZLE 8

5	2	7	8	3	4	6	9	1
9	6	3	5	1	2	4	8	7
1	8	4	7	9	6	3	2	5
7	4	8	3	5	9	2	1	6
6	9	1	4	2	8	7	5	3
3	5	2	6	7	1	8	4	9
2	7	6	9	4	5	1	3	8
4	3	9	1	8	7	5	6	2
8	1	5	2	6	3	9	7	4

PUZZLE 9

9	6	8	4	1	3	2	7	5
7	4	2	9	8	5	3	6	1
1	5	3	6	2	7	9	8	4
4	2	6	7	9	1	8	5	3
5	3	7	8	6	2	4	1	9
8	1	9	3	5	4	6	2	7
6	8	4	1	7	9	5	3	2
3	7	5	2	4	8	1	9	6
2	9	1	5	3	6	7	4	8

PUZZLE 11

6	2	1	8	4	3	7	5	9
4	7	5	9	1	2	6	3	8
9	3	8	7	6	5	2	1	4
2	4	7	6	5	8	1	9	3
5	9	6	1	3	4	8	7	2
8	1	3	2	7	9	5	4	6
3	8	4	5	2	1	9	6	7
7	5	2	4	9	6	3	8	1
1	6	9	3	8	7	4	2	5

PUZZLE 10

7	9	8	4	1	6	5	2	3
1	2	5	9	3	8	4	6	7
4	3	6	2	7	5	1	9	8
2	7	3	5	4	1	9	8	6
8	5	1	6	9	2	7	3	4
9	6	4	7	8	3	2	5	1
6	1	2	8	5	4	3	7	9
3	8	9	1	2	7	6	4	5
5	4	7	3	6	9	8	1	2

PUZZLE 12

7	9	2	3	1	4	5	6	8
1	4	8	7	5	6	2	9	3
5	6	3	9	8	2	1	7	4
3	7	4	6	2	5	9	8	1
8	5	9	4	3	1	6	2	7
2	1	6	8	9	7	3	4	5
4	8	1	2	6	3	7	5	9
6	3	7	5	4	9	8	1	2
9	2	5	1	7	8	4	3	6

PUZZLE 13

3	8	9	4	2	5	1	6	7
4	5	1	7	6	8	2	3	9
6	2	7	3	1	9	4	5	8
8	7	5	2	4	6	3	9	1
2	3	4	8	9	1	6	7	5
1	9	6	5	7	3	8	2	4
9	4	8	6	5	2	7	1	3
5	6	3	1	8	7	9	4	2
7	1	2	9	3	4	5	8	6

PUZZLE 15

2	5	6	9	7	4	1	8	3
3	9	4	6	8	1	7	2	5
8	7	1	3	2	5	9	6	4
9	4	7	8	1	3	6	5	2
5	6	8	7	9	2	3	4	1
1	3	2	4	5	6	8	9	7
4	8	3	5	6	7	2	1	9
7	2	9	1	4	8	5	3	6
6	1	5	2	3	9	4	7	8

PUZZLE 14

8	5	6	7	9	2	4	1	3
7	4	3	5	6	1	8	2	9
2	1	9	8	3	4	7	6	5
3	7	1	2	8	5	9	4	6
4	9	5	6	1	7	2	3	8
6	2	8	3	4	9	1	5	7
5	6	4	1	7	8	3	9	2
9	3	7	4	2	6	5	8	1
1	8	2	9	5	3	6	7	4

PUZZLE 16

7	8	9	2	5	3	4	1	6
1	4	6	8	9	7	5	2	3
5	2	3	6	1	4	7	8	9
8	3	2	7	6	5	9	4	1
9	6	5	1	4	8	2	3	7
4	1	7	9	3	2	8	6	5
2	9	4	3	7	6	1	5	8
3	7	8	5	2	1	6	9	4
6	5	1	4	8	9	3	7	2

PUZZLE 17

6	9	2	1	4	3	5	8	7
5	1	3	8	7	9	4	2	6
4	8	7	5	6	2	9	1	3
3	4	9	6	1	7	2	5	8
2	7	8	4	3	5	1	6	9
1	5	6	2	9	8	3	7	4
7	2	4	9	5	6	8	3	1
9	6	5	3	8	1	7	4	2
8	3	1	7	2	4	6	9	5

PUZZLE 19

7	8	5	6	4	2	9	1	3
6	2	9	3	1	7	8	5	4
3	4	1	5	8	9	6	7	2
5	7	2	1	6	4	3	8	9
4	6	3	7	9	8	5	2	1
9	1	8	2	3	5	7	4	6
1	5	7	9	2	3	4	6	8
2	3	4	8	5	6	1	9	7
8	9	6	4	7	1	2	3	5

PUZZLE 18

5	9	4	3	1	8	6	7	2
3	8	2	7	9	6	4	5	1
1	6	7	4	2	5	3	8	9
7	2	8	9	6	4	5	1	3
6	4	5	1	3	2	7	9	8
9	3	1	5	8	7	2	4	6
4	1	6	2	5	9	8	3	7
8	5	3	6	7	1	9	2	4
2	7	9	8	4	3	1	6	5

PUZZLE 20

9	6	7	2	4	1	5	3	8
3	2	4	8	7	5	9	6	1
1	5	8	3	9	6	7	4	2
8	3	1	9	5	2	4	7	6
7	9	6	4	1	8	3	2	5
2	4	5	6	3	7	1	8	9
6	7	3	1	8	9	2	5	4
5	8	9	7	2	4	6	1	3
4	1	2	5	6	3	8	9	7

PUZZLE 21

3	8	1	4	9	6	5	2	7
6	4	5	7	3	2	1	9	8
7	9	2	1	8	5	3	6	4
1	2	7	3	6	8	4	5	9
9	3	8	2	5	4	7	1	6
4	5	6	9	7	1	2	8	3
8	7	4	5	1	9	6	3	2
5	6	3	8	2	7	9	4	1
2	1	9	6	4	3	8	7	5

PUZZLE 23

6	4	5	3	1	9	7	2	8
9	2	1	8	7	5	6	3	4
3	8	7	2	6	4	9	5	1
4	6	9	5	2	1	3	8	7
2	7	3	6	4	8	5	1	9
1	5	8	9	3	7	4	6	2
7	3	6	4	8	2	1	9	5
5	1	2	7	9	6	8	4	3
8	9	4	1	5	3	2	7	6

PUZZLE 22

5	6	2	3	8	4	1	7	9
3	4	7	9	5	1	8	6	2
8	1	9	7	6	2	4	3	5
4	7	8	2	9	6	5	1	3
6	3	1	8	7	5	9	2	4
9	2	5	1	4	3	7	8	6
1	5	6	4	3	7	2	9	8
2	9	4	6	1	8	3	5	7
7	8	3	5	2	9	6	4	1

PUZZLE 24

6	3	9	5	1	4	7	2	8
7	1	5	2	8	3	6	9	4
2	4	8	6	9	7	5	3	1
9	6	4	7	3	1	8	5	2
3	2	1	9	5	8	4	7	6
8	5	7	4	6	2	3	1	9
5	7	2	1	4	6	9	8	3
1	8	6	3	7	9	2	4	5
4	9	3	8	2	5	1	6	7

PUZZLE 25

5	3	4	7	1	9	8	2	6
6	9	8	5	2	3	7	1	4
1	7	2	4	8	6	3	9	5
3	4	9	2	6	1	5	8	7
8	5	1	9	4	7	2	6	3
7	2	6	8	3	5	1	4	9
4	6	5	1	7	8	9	3	2
9	8	3	6	5	2	4	7	1
2	1	7	3	9	4	6	5	8

PUZZLE 27

6	7	3	5	8	4	1	9	2
5	4	1	3	9	2	7	6	8
8	9	2	6	1	7	3	4	5
4	2	5	8	3	1	6	7	9
7	1	8	4	6	9	2	5	3
9	3	6	7	2	5	8	1	4
2	5	4	1	7	8	9	3	6
1	6	9	2	5	3	4	8	7
3	8	7	9	4	6	5	2	1

PUZZLE 26

3	9	2	4	5	8	6	1	7
8	6	1	9	2	7	3	4	5
4	7	5	1	3	6	9	2	8
6	8	4	5	7	9	2	3	1
7	2	9	8	1	3	5	6	4
1	5	3	6	4	2	8	7	9
2	3	8	7	9	1	4	5	6
9	4	7	2	6	5	1	8	3
5	1	6	3	8	4	7	9	2

PUZZLE 28

9	2	6	8	7	4	5	3	1
3	7	5	9	6	1	4	8	2
8	1	4	3	5	2	6	9	7
5	8	2	7	9	3	1	6	4
1	6	7	2	4	8	9	5	3
4	3	9	6	1	5	7	2	8
2	9	1	4	8	6	3	7	5
7	5	3	1	2	9	8	4	6
6	4	8	5	3	7	2	1	9

PUZZLE 29

7	5	8	1	3	2	4	9	6
3	6	1	4	9	7	5	2	8
9	2	4	8	5	6	7	3	1
2	9	7	6	4	5	1	8	3
5	8	6	2	1	3	9	7	4
4	1	3	9	7	8	6	5	2
6	7	5	3	8	1	2	4	9
8	4	2	7	6	9	3	1	5
1	3	9	5	2	4	8	6	7

PUZZLE 31

5	7	2	3	8	4	1	9	6
8	6	3	9	1	7	4	5	2
4	1	9	2	5	6	7	8	3
3	5	1	4	6	9	2	7	8
9	8	7	1	3	2	6	4	5
6	2	4	5	7	8	9	3	1
1	9	8	6	4	5	3	2	7
2	3	5	7	9	1	8	6	4
7	4	6	8	2	3	5	1	9

PUZZLE 30

2	8	9	7	6	4	5	3	1
5	6	4	3	1	9	7	8	2
1	7	3	5	2	8	9	4	6
7	9	5	6	3	1	8	2	4
3	2	1	8	4	7	6	5	9
8	4	6	2	9	5	1	7	3
6	3	7	1	5	2	4	9	8
4	5	2	9	8	6	3	1	7
9	1	8	4	7	3	2	6	5

PUZZLE 32

1	2	3	8	6	5	4	7	9
6	7	4	3	2	9	5	1	8
8	9	5	4	7	1	2	3	6
9	8	2	1	3	4	7	6	5
7	4	1	6	5	8	9	2	3
3	5	6	7	9	2	1	8	4
2	6	8	9	4	7	3	5	1
4	3	7	5	1	6	8	9	2
5	1	9	2	8	3	6	4	7

PUZZLE 33

9	4	2	7	8	5	1	3	6
1	7	5	3	4	6	2	8	9
6	8	3	2	1	9	5	7	4
7	9	1	5	6	4	8	2	3
5	2	4	8	7	3	9	6	1
8	3	6	1	9	2	4	5	7
4	5	8	6	3	1	7	9	2
3	1	7	9	2	8	6	4	5
2	6	9	4	5	7	3	1	8

PUZZLE 35

6	2	3	8	7	9	1	4	5
8	9	4	1	5	2	3	7	6
7	1	5	3	6	4	8	9	2
1	6	9	2	8	5	4	3	7
5	7	2	4	1	3	6	8	9
4	3	8	7	9	6	5	2	1
2	8	6	9	3	1	7	5	4
3	4	1	5	2	7	9	6	8
9	5	7	6	4	8	2	1	3

PUZZLE 34

1	5	7	6	2	8	4	9	3
6	4	3	1	7	9	2	8	5
9	2	8	5	4	3	1	6	7
8	3	9	2	6	5	7	4	1
4	6	1	9	3	7	5	2	8
2	7	5	8	1	4	6	3	9
3	9	2	7	5	6	8	1	4
7	1	4	3	8	2	9	5	6
5	8	6	4	9	1	3	7	2

PUZZLE 36

9	3	6	7	2	4	8	1	5
8	4	2	5	9	1	6	3	7
1	5	7	3	8	6	9	4	2
3	7	8	2	1	9	4	5	6
5	6	1	8	4	7	3	2	9
4	2	9	6	3	5	1	7	8
7	1	5	9	6	3	2	8	4
6	8	3	4	5	2	7	9	1
2	9	4	1	7	8	5	6	3

PUZZLE 37

3	5	6	1	4	2	8	9	7
4	7	1	9	6	8	3	5	2
8	2	9	5	3	7	6	4	1
1	3	4	2	7	6	5	8	9
6	9	2	4	8	5	1	7	3
5	8	7	3	1	9	2	6	4
7	1	3	8	5	4	9	2	6
9	4	8	6	2	3	7	1	5
2	6	5	7	9	1	4	3	8

PUZZLE 39

2	6	8	9	5	7	4	1	3
3	7	1	4	8	6	5	9	2
9	4	5	2	3	1	8	7	6
4	9	7	8	6	2	3	5	1
6	1	3	5	7	9	2	8	4
5	8	2	1	4	3	7	6	9
8	2	4	6	9	5	1	3	7
1	3	9	7	2	8	6	4	5
7	5	6	3	1	4	9	2	8

PUZZLE 38

5	8	7	6	2	4	1	9	3
2	1	9	8	5	3	7	6	4
3	6	4	9	7	1	2	5	8
8	9	2	5	1	6	4	3	7
1	4	6	7	3	8	5	2	9
7	3	5	4	9	2	8	1	6
4	2	3	1	6	7	9	8	5
6	5	8	2	4	9	3	7	1
9	7	1	3	8	5	6	4	2

PUZZLE 40

2	8	7	6	9	1	5	3	4
9	6	5	8	3	4	7	1	2
4	3	1	5	2	7	8	6	9
8	1	9	3	4	6	2	5	7
3	5	6	9	7	2	4	8	1
7	2	4	1	8	5	3	9	6
1	9	2	7	5	8	6	4	3
6	4	8	2	1	3	9	7	5
5	7	3	4	6	9	1	2	8

Job 38:31 has the Lord asking Job, "Can you bind the beautiful Pleiades? Can you loose the cords of Orion?" Thousands of years later, man has discovered that the Pleiades is a conspicuous cluster of stars in the constellation Taurus, commonly spoken of as seven, though only six are visible. The Lord asked, "Can you bind the beautiful Pleiades?" We now know this is a closed or bound constellation, but Orion is an open or loose constellation, as alluded to in the second part of God's question to Job.

Part Four
WORD SEARCH

PUZZLE 1: OLD TESTAMENT MEN

```
M Z R S D E L T Q M K M K L E I N A D B F
F M S L U M V J U D A S Z X Y U D G A Q W
D Y F D E M I E T D E X R W E H D P K C R
I I W D E I Z M A L A C H I I S H M A E L
D E V S D G K H U V A W L D J V W Y O C I
Y L I A K U B E U J I H T B E O I H T P K
K D C G D X I N Z G N Q A H A A T S R T T
W J X E H S D L H E Y O V S W R G K F X V
D O N G B E L J E A D Y M I N H N Z G C V
Q A Y J S M V G C D J K A L A S M A T A X
B T J O S E P H C U N I W R A Q M V D S R
P H A L U D M V A Q C A L F I S A A C K G
W A A Y Y F J X A G B M W E J K H X F Y P
F M H X L C R E B D G V H S O F A C C F O
N M S I U J G I S H L A E O S V R Q Y X U
V J I O G I M I B R Y S I B H G B Z M W J
L F L F U A G M O C O C J J U B A X L O F
Y U E A W E T Z N M I A A J A E V U N T O
Y P D X W S A F I M A R A S H W Z A O B H
Y C N O M O L O S U A Y C X H G H I S F P
L E O J Y H A I M E R E J M S K Y S W D W
```

ABRAHAM	ISAAC
ADAM	ISHMAEL
ARAM	JEREMIAH
AZOR	JOATHAM
BOAZ	JOEL
DANIEL	JONAH
DAVID	JOSEPH
ELIJAH	JOSHUA
ELISHA	JUDAS
ELIUD	MALACHI
EZEKIEL	MOSES
HAGGAI	SALMON
HOSEA	SOLOMON

PUZZLE 2: ARTS AND CRAFTS

```
C R V V Z O Q H O R S E T R A I N I N G A
J E W E L E R Y Z F J G L A J L O H G X Y
Q N J K Z D O R A V I P B I L M O M W Y B
G A X G V T I F F J L A O N A T A I M R G
Q F W I C O O K I N G M E S N G C S R E N
W W Y B G N X L Q V S R O T D N J T C H I
U O E V S N B I O O S N A Z V I P Y E C V
Q B O Q T W I G R I R U W S B D R V T R A
U O K L P D C M U Y O T Q K R R V U M A R
Y B R X C H T Q L L U N F Q R E T J W G G
C B F V M O P R E A C H I N G H D L Y Y N
P G O C X Q L H L Q B Q W I J P F A M Y E
E N Q W C Y O L V H F M W V U E G T J T W
X I V K C S R Z E B M B E Y F H C E F O S
E R S B F R F E D C K T V W M S M I X T P
X O J E K E A L T P T V J C E H C S Q D I
E L F P W Y U F K T D I I D G I H P K Z G
U I L W P I W I T V O K O M M O O Z C M H
W A U Y Y Q N N B I T P R N J B L V V N J
S T K B D S Z G P H N S W S D P X L E K V
X K Z M R P N M J F R G G E T B H L P X B
```

ARCHERY	MAKING MUSIC
BOW CRAFTING	POTTERY
HORSE TRAINING	PREACHER
EMBALMING	PREACHING
COOKING	SEWING
ENGRAVING	HUNTING
FARMING	TAILORING
FISHING	MASONRY
WOOL COLLECTION	SEWING
JEWELERY	SHEPHERDING

PUZZLE 3: OCCUPATIONS

```
A J Y W W C G R R U P R Y I Z T O J U H J
T W I R Z A E D Y A E K N V U B I X Z C T
M I S I W C R R V V K R B G G T A I L O R
Q X H T V M D M R R J E L J N J Y V M V V
M S I E F L S A O R E B R A B C E P V E B
I E P R E A C H E R B W A O O Z E P O M W
Z K B R C B F U X W E G O P U C G J I B D
Z P U E B U A F X M S R P R B B E N K A S
X Z I N I M R J S F X E L M G W F Q H L S
E H L I H J M Y E A R N L O E D U Y S M O
N U D F X R E S L S X Y K L Y G B U F E R
G Y I E Q T R Y M N H F E S H Q V P N R E
R I N R I B K I N B K R G B H B N D R I K
A M G L Y S T O Q A F T E E K Q N Y R Y A
V G G D R H A W P M M U S I C I A N E D M
E R S V X E D A O S Y R G T L E I V T G K
R V M T G A T H E R E R E N M O C K T O C
P P M L P V H N A A N L F H I O D S O J I
O Q Y J R E K L U A C S E U S W V G P X R
U B L T Z L Q T F H Z K Q L W I E T F Z B
B A Y R M E I G T T A Z R I C V F S N L U
```

ARMORER

BARBER

BRICKMAKER

CARVER

CAULKER

COPPERSMITH

EMBALMER

ENGRAVER

FARMER

FISHERMAN

GATHERER

HUNTER

JEWELER

MUSICIAN

POTTER

PREACHER

REFINER

SEWING

SHIPBUILDING

TAILOR

WRITER

PUZZLE 4: SPIRITUAL GIFTS

```
Q D V B R T U E C X Y R Q W H M O D Q Q V
R I B E C H V I H Q Z P N G R G B M W B I
W S P L E H Q L K M A W O S T I L A O U B
Z C F C H N P K W W O O Q X O P A T Z Q R
A E P K X S F W A Z F D R A U K G F J G R
Z R O O W H O M M R R T S O B J C K N A S
L N C H H R I G E G H T R I N C C I S X H
Q M S C F F F C R B I O R G W B V B T Y P
A E P A E J D E C P Y W N Y G I A Q E K D
Z N P Z E V W M Y Q G O S R G T E F A K T
B T V C X B C E L U B I G P A U X R C T D
O I C I P R C B N Y O H R J U W H B H T C
N S N I J I X N D K R O W T T F O W I T V
O L R A V J Q D O C P M O H M O R L N M W
F Q H R Z P T Y Q H F P I T S Q T O G J O
B A E G A L F L E A M T Z I T D A J J N K
L S O S M T D C K D I N R A Y P T L Z D M
S N W A F T Y D G R R X G F H E I Y B W A
G L E A D E R S H I P J H O Z O O C Z A J
N L A C P B U M S B X I Y K B S N G L G I
C A Z A Z K N C I D U K K N O W L E D G E
```

DISCERNMENT

EXHORTATION

FAITH

GIVING

HELPS

KNOWLEDGE

LEADERSHIP

MERCY

PROPHECY

SERVICE

TEACHING

WISDOM

PUZZLE 5: GOD'S PEOPLE ARE . . .

```
X O M G F I F O L L O W C H R I S T I P H
Y N P C V G K Z N I F R S S G U X F H W G
K R E A X E Q T D U G M G H Z A H R P K L
Y P P A H J T Z L V L E D C Y D B O N J V
O E G S Q B A Q V U M C O H Z V Q M L U L
P E J H C S D L F B I N Q E J G O D L Y M
E I N D P U G H F G T A S N C K U B W S A
I R E K N D T X S E D R P O C S Z L S U E
Q J E Z B I H S N L W E J N U P B U Y O S
P T D C A Z M T T Z Z P S O Z W H F P L E
E S O F N F G F R B D M R O A E U I S A S
R A D B A I Z F O V Q E T N M P M C S E V
T F D N E K S G I Y N T V T B O B R B Z U
F D E T N D N B Z E T O B H N F L E L B S
Q A P L O V I N G W I I I T K Y E M A G V
U E T X O P V E Y K A C N K D Q G M M P M
J T B Y O B K S N O E Z O U J H I L E Y T
Z S E F S L O O T H I P V X M O D L R B
O C J H H D H I C M J O L Z R O J J E Y O
E L C O U R T E O U S A B J R E N H S V H
Z E I E L B A T I P S O H R U R I G S D R
```

BLAMELESS	HUMBLE
CONTENT	LOVING
COURTEOUS	MERCIFUL
FAITHFUL	OBEDIENT
FOLLOW CHRIST	SINCERE
GENEROUS	STEADFAST
GODLY	TEMPERANCE
HAPPY	UNITY OF MIND
HOLY	ZEALOUS
HOSPITABLE	

PUZZLE 6: THE EVERLASTING WORD

```
S D A E R B P E R F E C T L O R B W M W Q
H T U R T J N R Z H W F A S W X T E G Z X
U T A X B U G C K L U K K V Q B D G J D Q
L P J G U D R N A D S P X F K I T R P D S
I V I U C G A R S Z N E Z H T C V A E Z J
G T M S H E E X T H S U H A A E I T E N L
H T P L K M S V M G A Z T O E D F U Z V Y
T A C L J E I C K O W I W A M A W Z Q J D
G B D F R N M R A V O C N H R I D Y M N I
O C P V U T N N I N C V A G M C N M Q U S
Y E A N N I C T Z E F L N V K O F E M G R
B Q W R P R A H S I I E T G M A R J T L N
U G A G Z I T R O F M O C I I F J Y H P I
E G A T I R E H E S E N T T M C R F A H H
Q I Z U P M A L Y H Y S H D N O O S A X T
H I B Q Z Z Z E O G E F T O J X K O D C Y
B H C P B Y I J Z T U C K P R E C I O U S
C R X J L U G Q J L B S D Z S I Y A D W A
I Q O R M W Q T V K T R O L E S N U O C H
L P C A B Q B T E T D X W J M E S N G E O
L W O L D J X I R G U B F R Q D F X K I V
```

BREAD	LIGHT
BROAD	MEAT
COMFORT	MEDITATION
COUNSELOR	PERFECT
ENGRAFTED	PRECIOUS
FAITHFUL	QUICK
HERITAGE	SHARP
JUDGEMENT	TESTIMONY
LAMP	TRUTH
LIFE	

PUZZLE 7: IN THE UPPER ROOM

```
A R H S G P N X Z I R U P P E R R O O M U
D S B Z D A E J J H D P S U S E J N H E C
M U T X P O L C F Q B L M F G S W H E T B
O O Z J I N O N I A Q B E R D A T T E N E
S Y K F R O R L R S Z A I H I D N D C A F
D X M O B N X E B L Y E N O M U A K Y E C
K P W K H S S Y E X G F F A A J N P S T E
O V O S Y A L D G P R I E S T S E U W Z Z
O G N S C C U N L E A V E N E D V U O F R
R N J H A R J U F M K I S V L M O W O L E
L W R E K I I T D Z F K W E W S C F E H M
L K A A K F D B P A S S O V E R K G F H E
W R X B B I V F E W A I B L P C N V G X M
Q M E R E C L X P S A N P T L Z X P K F B
Q P L T P E J J T J K I X V G F A V W E R
F P W F E D C A C B C Y U N U U P T D H A
X A P X C P A Q A S M A V T B L V I T V N
V W H B R E A D I O Z A V D A X V Y W Y C
J M G K N I R D O K E Z L S P I Q R M C E
G D V P H N I W B K U H E L D I X Q V Z J
C Z I K M W I K B T S W Z C F R E A V S M
```

BLOOD	MONEY
BREAD	PASSOVER
COVENANT	PETER
DISCIPLES	PRIESTS
DIVIDE	REMEMBRANCE
DRINK	SACRIFICED
JESUS	SCRIBES
JUDAS	UNLEAVENED
LAMB	UPPER ROOM

PUZZLE 8: PROPHETS

```
W O H I R O V Q A O A H X Z A M F J O H N
Y D Z D O F M T V N T G A X K G K G Z S S
M A L A C H I O Z O N G R R S A M U E L Y
A C U A O F Z F S R D A X S O E A M S W E
K S Z S D E V E S E H G U Z L B A L R P H
P U A T D D Q W M Z S S D U M M E S P F N
D Y K E W U P I V M E M R U E H V D A S E
H O X K W J F G Q J S N P L E U I Y Y D T
X D H E A P Q Z M K M G I E V M L Z F S L
L F S B T B O R Z E H J S D X U D Z X H W
J N U P Y W A Z C X A A W O I Q L Q O E O
L P B W W X H H R H R X I S Z C N S J M F
I O A E H R U P K B Y I H R S K X Z M A D
K V G Z E P H A N I A H U Y A T U C Z I K
D C A L K G Y M A A T Q V U W Z P A S A X
U Z E L T A P X U Q B H G H T N A Y G H A
Q O I E B L D Y A X P E K O G Q L G S K Q
J B P I V N H S C J G S V S K I A R G K V
R J X N A T H A N L O A C E J O S M V H U
H L K A G X A M V Y F W A A Y G E V O Z G
B D G D Y R U A D K X T T C C N C V Z S P
```

AGABUS

AMOS

ANNA

AZARIAH

DANIEL

DEBORAH

ELIJAH

HABAKKUK

HOSEA

JESUS

JOEL

JOHN

MALACHI

MOSES

NATHAN

SAMUEL

SHEMAIAH

ZEPHANIAH

PUZZLE 9: JEWISH KINGS

```
E R K J E H O I A K I M A Y U A S E F A I
X V U Q T W Q G Z A W O Y T A U U N S V I
J H A I K E D E Z L B A H J S Z O A H C T
E F Z N W X Y F L Z B I G A G H D S Z R Q
H S M X N Q N Q V L W Z J S L F O F H X U
U H E T M I M D D A V I D A J E E S A K P
S O N O S A L I J F F L X A H O M H H H N
V J H Q A R U Q F I Z C F G G A M G R E G
U Q E T G N Z A L R U A J N H F E I X V A
J M M T N K V K Y M L C T T S C W F W I R
T Y L M L A X K J O I U O O W C H A Z P L
H A I H A K E P H I S J B O G H E K S S M
I Y E B X R Z C N Z F V Q H J P S R M X A
Q N R T Y A D W C M B L F E Y Z S J Z K R
Z J Z S P C N W W K Y A H A Z I A H B C O
W U G A Q A L F U S U I G S U U N A A I J
N M D U I B V O N F B W K U D D A C D U X
W U A H S A A B E W P Z M Z X G M X A F B
Y N Y E X H Z G R C Q X R P X L K K N L I
R K P X O A O S X U G T X G N D I G G P G
K O N R I L P Y V Y W C K J Z Q W W I D A
```

ABIJAH	JORAM
AHAB	JOTHAM
AHAZIAH	MANASSEH
BAASHA	MENHEM
DAVID	NADAB
ELAH	OMRI
HOSHEA	PEKAHIAH
JEHOIAKIM	ZEDEKIAH
JEHU	

PUZZLE 10: EVIL

```
G C U Y Y O I J N K Y T S M I T T I H C C
U Q M S X A K O H M R Y J D T I C U S H S
D E H W U A X P N I N E V E H T V L N A S
E X K N A K A W Q Z W F M V F B P O B N I
V A K C M M A J N Q U L N O D I Z G A O R
M M R R A D I A A B J K M A G B V O M L B
P E B U L S R Z D R L C H Z L S J J U B Q
O T J M E P Y N E C N G T R T H G R M L I
D O B I W V S J D X V X N E U T K H H T O
I N W P T L C Q V E K Z F W B L B L V N O
J L O M H E A Z S I I K U A T D I E N Q G
V A C X G E L O J D T K A D F B B J I W V
E C I D U M E A V I L C S A Y E X F M V Z
Q C I W I V B N S J C O T A D T D J G X N
W K E G M F Y C T N U W H J Y M E D I A O
A Z Q O N B Z B H Q E Q F G R R A A Y W P
I L O R A K M N X A X C Y P N M A H S E H
C Y R A J Y P U J P K C Z U T O N D R M U
O B H R N R H D P N Q G D S Y K R S E G V
K V U Z Y U U E F E O I I Y X S I T U K B
F Y Y S P B N J X E Q I F K D A F V S Q W
```

ADMAH	LIBYA
BELA	MEDIA
CALNO	NINEVEH
CHITTIM	NOPH
CUSH	PERSIA
DEDAN	STRONGHOLDS
ELAM	SYRIA
GOMER	TEMA
IDUMEA	ZIDON
KEDAR	ZOAN

PUZZLE 11: HOLY MEN

```
J P T Q K D A Y Y R M S T S E I R P O X E
V M A O F F A O X Q U P N D D Q N N E Y E
F F D K A F H O L B R Y S N P S F S H Z D
F A R E L I A S H I B M Z K Q D V U B Y I
Z J A Y X A B D K W L D Z A D I S N K C K
E I M O Z I A O M D H K J H T Q K X V D U
R D A V F P Y R S C A T C O X U M W G V V
I D H S A H B A O I I Z E K S Z M E E X B
U T T D V K N N M N A W J P I H N W Z B G
S R I A K N M F P Z R Z E Q U A U A K R L
G W I H A I N A H P E Z H I Y B D A D V A
S E Y J G E F W K G S Y O E L I W W Y A I
U A R V A A K L C W E R I C T H F U S J B
P U H A S H I L K I A H A G J U M B Q Z W
A S F E T Q E N R H R A D X Y W G Y K H G
Q P C H N E K E E W O K A D V S H J M N Y
W I X H M I N X M F J G C X A M M B K V E
F O C C I V H T M U M X M X V H J C B J S
E H M C Z O I P I P K X H D Z L M B N S W
V S X K K D A E Q T Y D H M G A G I W V T
H A T N A T T A M I H E H O O U M A X N X
```

AARON	JOSHUA
ABIHU	MATTAN
ANNAS	NADAB
ELIASHIB	PHINEHAS
EZRA	PRIESTS
HILKIAH	SERAIAH
IMMER	URIJAH
ITHAMAR	ZADOK
JEHOIADA	ZEPHANIAH

PUZZLE 12: DAVID'S MEN

```
H  I  T  D  H  R  V  G  G  Y  V  Q  G  F  U  M  N  O  G  R  F
X  R  I  L  D  H  M  D  F  J  C  S  A  B  I  E  L  N  V  P  T
J  R  A  E  O  K  E  K  U  W  O  I  C  A  X  S  T  A  C  E  A
X  T  T  I  V  T  A  B  X  Z  R  D  W  P  Z  Y  O  N  A  J  X
L  E  T  S  L  G  Y  W  M  V  L  R  B  C  L  L  R  A  J  Q  O
X  L  I  A  S  A  B  U  B  W  I  G  E  I  I  T  O  H  L  K  I
H  E  Z  J  O  W  B  G  U  S  L  S  N  W  W  T  U  L  M  I  B
K  H  Q  D  Z  R  X  Z  S  H  A  M  A  G  V  P  P  E  M  H  F
E  P  N  X  E  Q  C  E  W  V  O  N  I  S  F  S  E  M  F  U  Z
V  I  H  I  V  B  I  L  Y  U  H  D  A  D  V  N  B  V  E  Y  W
V  L  O  N  X  Z  O  O  D  P  Z  T  H  D  H  A  L  V  F  X  C
G  E  H  O  L  F  X  Y  I  B  A  Z  U  T  O  A  E  X  M  B  T
E  R  K  M  P  J  C  E  S  B  Z  Y  I  I  I  B  I  F  T  L  F
I  X  V  L  Z  E  D  I  H  R  Y  I  M  A  A  J  J  R  R  U  S
H  Q  S  A  J  S  B  A  C  F  F  K  X  N  R  W  H  Q  U  T  C
C  W  L  Z  O  B  I  J  R  O  Q  Z  H  N  A  I  I  U  O  N  Y
L  O  C  D  E  L  U  K  A  H  I  A  M  U  H  N  D  E  X  E  B
V  F  P  C  E  E  X  X  N  I  A  I  M  B  A  A  D  I  T  X  R
O  H  A  D  O  W  O  N  T  K  G  U  R  E  M  B  A  E  U  B  J
P  I  Y  R  W  A  K  H  W  A  U  U  X  M  I  V  I  U  U  O  R
L  O  Y  C  I  Y  L  T  L  U  L  Q  M  X  R  C  X  T  M  L  N
```

ABIEL	JASIEL
AHIAM	MAHARAI
BENAIAH	MEBUNNAI
ELHANAN	OBED
ELIAHBA	SHAMA
ELIPHELET	SIBBECAI
HIDDAI	URIAH
IGAL	UZZIA
ITTAI	ZALMON

PUZZLE 13: CITIES OF JUDAH

```
H T U M R A J M C M D T L U L Q A Z F Y N
K S L J R W L J I U H O T T P F I U S K C
Q R D K C Y T N V U A A T W E O F O W R X
U L D M N O N O O T P Z N E H O E H D N B
E G L O N A R W H P Z K Z A H S K M J H D
X C D D G Q Z S U Y E D N G R T O H T I S
P O K N P D E A A O R H J I G V E Q L E X
Y H E J W W H M S U S J A T T I R E L R J
M R A Z T Q C K R A Y K U F H M A B L O O
A M E E H K M B A W J H E L A N Z E O G F
L S U E K S Y O P E T H E R D Z V V T T B
L R L A D G I M X B K Z M N E N A H S A S
U P Z Y X D A H I B G K W O K A L O B I P
D Z U P Y J G L C A O B W M K J H P T B D
A T I Y N H Y I M A H Z P M A Y Q L Z S D
K C W G A Q Z L L K L T M I M B Y E E H X
A H O Z J Q G E N S U T I R T P F E N A B
Z Q T D A Z E K A H Z H R D G A H A A A K
V E E I V R E K P X D U J K A B R S N R D
Y I N H W H F T O J V K J B E P C A L I U
Q Y J V R P L M Y J B Y D P P C U F B M L
```

ADITHAIM	ETHER
ADULLAM	JARMUTH
ARAB	JATTIR
ASHAN	LACHISH
ASHNAH	MAKKEDAH
AZEKAH	MIGDAL
DILEAN	RIMMON
EGLON	SHAARIM
ENGANNIM	TAPPUAH
ESHTAOL	ZENAN

PUZZLE 14: WOMEN IN ROYALTY

```
S V Z M U F B P X L G K Y A P Y Q I C L I
E B B D I N H R A S T B I D J A S D I W H
S A T B R A B T M Z X A A U O D K Y L H L
M R Z Q H Q U S G U H R C F M A L O T A G
E O Y E O M I R O A O E D H A Y F A O W B
C J E E A W T R S E E M U Q T H N H S N J
A G E H S Z W S M E C U E N A E Q A G D U
D X O R V C A V Y D V O U J S B I H S J A
N C I G U D A B E H S H T A B D S C T N Z
A N K C A S V L C J A U H U O E T A A N Q
C N E H U S H T A C H G D R N T O A F U O
T H J O J S Y A Y D N E E E Y Z R M A U D
R O Y A L W O M E N B H P O C Q Q S T N H
P V F X Z D U G A G B H A H I O J B H J G
Z U K R O Y U T D O A K C C Z Q J H A R V
N A D D A O H E J T B H R C L I A Q L F A
U P O G S P Q N V K J G S X S G B N I C S
O M H S T B R X Q L W F W I G S I A A S H
S S X X P J U J W A G P D I B F O Z H B T
Q E I X L N U U G O C W T A K A W P F I I
D X P Y T V T R E G X H L Q I E S T H E R
```

ABISHAG	HEPHZIBAH
ASENATH	HERODIAS
ATHALIAH	JEHOADDAN
BATHSHEBA	JERUSHA
CANDACE	MAACHAH
COZBI	MERAB
ESTHER	NEHUSHTA
HADASSAH	ROYAL WOMEN
HAGGITH	TAHPENES
HAMUTAL	VASHTI

PUZZLE 15: CITIES OF JORDAN

```
C C B C O P B U B P P J J N K O I Y S M W
I S E K Y B E T O N I M Z A P H O N X I M
Y D T A R A D A G B E R M C H T A B B A T
R T H C D H A H E B G O J H A W Q Z C H X
Z O R J I N B B R I V F R O X E A H G T W
W J E X R V I V A X E T V B F M A B K A K
Q X H K K P L G S C C Y G L H E S A P I S
N W O R E X A D A D Y G A J R U M B N R V
S Q B P L N Q V X T E F A U Q O C P T I N
S Q J T M O I W A C S X S Q N Z V A X K H
H A R M I N B A T Q J D R P A R P I F D Y
R F V B A K R E A B T D J B Y G S P F K B
M B N K N D V W R B B B E A A A Z C S N D
T R I I A M Z V O N D D K G C A L Z R B E
D T V J H J T N T V E T Y O D B L O Y D M
Y T R U A K L Q H M A Q H E Z R M G T B F
L D I E M V E G Q A D L B V H T P C A D V
J Z J M A A J N W R D J I J P J O A O D E
A X D Z O A P Y A R E Z A J B P I K R B Q
L F A Q L K T P J T O W L I J R V J Z Q H
O Z S S B L R F I G H D X K P M K Y J R X
```

ABILA	KAMON
ATAROTH	KENATH
BAALGAD	KIRIATHAIM
BETHREHOB	MACHAERUS
BETONIM	MAHANAIM
GADARA	MEDEBA
GERASA	NIMRAH
JAZER	TABBATH
JOGBEHAH	ZAPHON

PUZZLE 16: THEY SAW ANGELS

```
S I R W N K Z S L P U S Q P T P L B M X L
A P X P B H U U X Z L E I N A D S A X L E
N M D Q R S O E G Q K Y R H A I A S I F I
N P Y T E V Z J M D U K S M K D R E K H R
A W X J N K S D R T D W H A B W Z Y X E B
O C E W Q I Q Q C F H A K P B W T B J H A
J J M Z M H Q R E R O T R H U R G R V Z G
K P Y I M H Y I G N E L I J A H A B Y H M
S J T U C P N L A N X D P N M Q H H Z O A
S B T A U H U M E Y E Y J U S L I H A W A
O J S G D M A E S X T T F A V B O K G M T
N U U C O R N E L I U S G R X H Q Q A B D
L I B C O T U D L M M H K S D T I Z N I Q
C A O G O R D W L W Z G L X X T F V Z D G
N J Z B J D S L K A D O T I M X H H D W F
S W P A L O N L N R C N A P O L L O N E F
W A C L R U E O H K M I H P A R E S K T F
I O V A T U E A M T P E I W B F X D X O S
B C I A L D S X W L I K G Y A U G W P I U
X Y G M I D W V X J O S E P H A H A G A R
D L M G S A I R A H C E Z Y J Z Y A G W K
```

ABRAHAM

APOLLON

BALAAM

CORNELIUS

DANIEL

ELIJAH

GABRIEL

GIDEON

HAGAR

ISAIAH

JACOB

JESUS

JOANNA

JOHN

JOSEPH

LAZARUS

MANOAH

MICHAEL

SERAPHIM

ZECHARIAS

PUZZLE 17: SHEDDING TEARS

```
N P I W R O A U C R J B L J Q L X S H B H
O V J S A H R R X L M X N Z E G M J E F C
A U W R H Y L Z M H D S Z A T A F D E Q R
I G J F P M K H A F U Q R R M A J T O Y N
Q L F A O Z A I Z I D S Z G M Z K D R K E
S I U S T C K E R A I I C O G J F A B R H
M L X O R E F K L R Z S N R T P M M L U E
R G Y U Z O H O B U P F D P S F M X V K M
A M H E F M E S E D I J H B P J B O L N I
V I H Z X T R H G N R T V W S A K J S M A
P X Z H B E H M J I U E J G I Q P G C E H
F O E Q P Y E G R R A G S F N D O N U F S
L D M E C V R E H T S E O X T H O S A U L
O A E W P Q F J V O X B V F P Q X W D S W
S W U F X E D S G J X W D A T E X U S N J
O T V M Q M E S E P A X W A B I T M L E R
U O S I A O G I D T F C Y V J C Y E I R O
G J A E R X O T Q K I N O E T B M G R R D
V X W P I K V T O B S V S B B B D E Z R A M
J C A T K R J S T P J U E D M L B M Z L U
P H A B X D P P G Q S W E L G I T A H Y A
```

ESTHER	NEHEMIAH
EZRA	ORPAH
HEZEKIAH	PAUL
ISHMAEL	PETER
ISRAEL	PRIESTS
JACOB	RUTH
JESUS	SAUL
LEVITES	TOPHAR
MARY	WEEPERS
MOSES	WIDOWS

PUZZLE 18: TIMBER!

```
T K P L T B L O B S H T N I B E R E T P W
V K P I G N Q N O Y R R E B L U M B K Z I
Y T M E W U G W L I T G X Q A O I O G C L
P C Z T M L O H T X Q V Z W H L X N E H L
F T G X G X J S Y Q N U Z Q D N S Y A E O
K R F P R M C R A I F D L P A L M A I S W
E I A Z T I C S L H Y J B L W A V H M T E
F F U D R I N A M Z A C Y V C Q Q G E N W
M W G P E C E G O Y P X Y A A I F N A U P
X E A C E C N V N Y A Z C P H X I O P T Z
P G H R S J I I D R X I I F R P B N O A C
A W Z P K K M H F E A T F C F E J Q K D N
N V N C P N A W P T D L M P Y P S V E A N
C Z H H U D C S I S V A Q G K C Y S J U A
E R J A J W Y Q P A S E M G J V M K D W B
O N T T D U S T F E T G F K Z D J H G L L
Z X C T I G N F N L X Y Y W R N C G W K S
P N F I Z X X I P O P G M I R Q I S H R M
F J H H Q N I H P O S Z W U O K J J R X N
Y U U S N T N T F E N X X N T R P L A N E
P P Q A J U W D S A R R F U A O J B K J N
```

ACACIA

ALMOND

BALSAM

CEDAR

CHESTNUT

CYPRESS

EBONY

HOLM

JUNIPER

MULBERRY

OLEASTER

PALM

PINE

PLANE

SHITTAH

SYCAMINE

TEIL

TEREBINTH

TREES

WILLOW

PUZZLE 19: FOOD AND SPICES

```
S H S E L P P A M S V A A W J E E J M W W
W M Q M M R X H P M Y H P D K D L A K U M
E M E B I B W I M X L O V D F R A P Q U X
N R J X L D C I D S M L G W Q Q X F R N Q
E T X F G E M U A E P I F V E T A O G N G
J X W O S Y M L L U N V E E S X T M Q C N
H S U O V E T V Q F T E C N H Q X W K K Z
H T W D R L T T O B Z S S I W Y Z K J A N
G R D A E R B U W A D N N S S X W F N G U
H O B L X A T G O O G B N O M A N N I C Y
B P O N D B A R U T A V E N B R A W A E B
O F W N J E U G W X D H S Y A M R K G O O
C I F L I F Z W R F S Z J G Q P E N A H V
K S O I K O Q F W L O V V V S S Z W R H F
E H C A R K N D V Z G E L G V Z S L L S L
Y P U U Z N D S V N Y T I I H N D I I D S
P V C Q B O Z E J C U D A E M Y N J C R G
J S W O Y Z C M M C D N Y E D Q O S T U I
S M X D Q R H I B M C S H F M T M C L C F
J S N I S I A R J W M H I N J O L W F A K
J T F E V H K T Y F Z N R O C E A Y N A V
```

ALMONDS	GARLIC
APPLES	GOAT
BARLEY	MANNA
BREAD	MEAT
CAKES	OLIVES
CINNAMON	ONIONS
CORN	QUAIL
CURDS	RAISINS
FIGS	SALT
FISH	SPICES
FOOD	VENISON

PUZZLE 20: GIANTS

```
J T T X F B X U P O C S O F Q Y I A H G M
W I S H B I B E N O B H Z Y T B O B G G N
Y H T A I L O G K A D M O N I T E S X M B
D A Q B I G W H A O T M V A E S P O C V X
K V O R A G G L P I P D K A A X T R D L P
A Y W A T N W H E N Y W O N H Y B Y D P M
D Q W T Y U A R H W G H W A H X M B Q U L
Z R F I P M Z K S M E Y P C V X X B K D K
M Z U R I O A O N V F H J L G W V E C A L
Q N B D S U V I G H I E P Y V H R C C Q O
T V I P H O C N R L G V U Y O C J T U S H
Q A Y D J P H S I Y M I M H A L B V I G H
N U X I L B A S I R S N X N C F H M F O I
E T V J W R T S A N Z O B A B Y L O N V T
U A J G S I C E Y M E D O M E G I A N T S
O Q O A A B G K P U X I L X N E R B J R Z
M F R Z Y T F C B G C S C O X W Q Z B V U
A H I S N N U S H H C W M E L R E W J M T
R Z V J U X U X H U H M R H G V L E J K E
Z L I U B R N C S L A D O L J C O G X B F
T R X C X L U H H S B K T U J E X P R D U
```

AMMON	ISHBIBENOB
ANAK	KADMONITES
ARBA	LAHMI
BABYLON	MIDIAN
CANAAN	MOAB
EDOM	PHILISTIA
EGYPT	SAPH
GIANTS	SIDON
GOLIATH	SYRIA

PUZZLE 21: CAIN AND ABEL

```
C P E R B E S A D V T D I J G F W Y Q Q E
F N U E V I T I G U F R J Y V K R B S Z Q
V P O K J A A L U N F T D S K G W B W G G
H G C N K O F F E R I N G P N H C R V O V
Z U U E R L G I R O E A Z A X D A L D K U
E D E N K L U E R T L Y Q A M E H A X I J
E C Y O G Z L D W S D E M V D A E N P N A
C L W G H L P X A D T E U U G Z S D U D W
I S F X I Q C E D H N L S I L S P O N X O
F N J T Z B K L C F B U I R Y R C F I U L
I R S C L V O X H N Y M O N U Q A N S F V
R O Q O O F L R P N A J I R G C D O H Q V
C R O K N O N R K A T N I E G S A D M P L
A D Q E L J E I E U S M E I A M M V E A T
S L V X O P F G U A I C E T J X B T N P F
O E G D E Q C R Y I N G T F N H M S T I R
S A P E B S J P H L D Y J V W U D L V K U
T I K X G U V N F V L Z N J X X O A P A I
S X E T O M A F T A T U A Y S F J C J U T
A L W A N D E R E R F U Y T Z C V G X N Q
E F C A U B M B G I A O Z J F O W G A U Q
```

ADAM	FUGITIVE
ANGRY	GROUND
BLOOD	KEEPER
COUNTENANCE	LAND OF NOD
CRYING	OFFERING
CURSED	PUNISHMENT
EAST	SACRIFICE
EDEN	SEVENFOLD
FIELD	TILLER
FIRSTLINGS	WANDERER
FRUIT	

PUZZLE 22: DIVERSE SINS

```
A L F Y L S E M I L X M F E I U Y R V Y W
M K A E W N G H K D V E N H P U T E B X H
V M J N G G R I X L K W D F P B E G C B A
Z B C W M Q D E M E F V O I N D I N S K C
P M E B C E W G V N E R D C R C X A B D V
P Z K P C L F M C E O F O Y I P N T K Z K
L E Q E J E J G S G N V D A Y E A X R G V
I Y I Y R L G N I L E G Z K C D A Z E L H
P T I Y S O J Z W T C W E N I E J T I B C
S H W G S R S Y O P T X A V Y E E V Z B G
E H E S F E N U W S R R O T R R X N K S N
R G I I S D S C L L E R I A V G E B V I I
V P E U Q N L V T P C V V D D Q S D U Y G
I J C U E H S B M E A W R X D U Q E S R D
C X Y S P Q C E D R D X A T J W L R V O U
E R S E O S T F P M I F Z N N U L T V Z J
D P N V S N B E X F M H K A S J S A E R K
J Q T U I R D N F V R S A T E R O H M R I
K M R C H V P U A M K Z G E P K U D I L Y
D O V B L W M F Y S M F Q N G R K F R Z A
Z N T D V W T V Q D O O H E S L A F C R I
```

ADULTERY

ANGER

ANXIETY

COVETOUSNESS

CRIME

DECEIT

DEPRAVITY

DIVORCE

ENVY

EXCUSES

FALSEHOOD

GOSSIP

GREED

HATRED

INTEMPERANCE

JUDGING

LIP SERVICE

LUST

PRIDE

REVENGE

PUZZLE 23: REBEKAH AND ISAAC

```
P Z Z R I A L W E L L O F W A T E R R C A
N Y Q W C B B H J C T Y N M P Z O F R D M
N D X T R R Z A V C J W C U A D S K V E R
B M Z R A A T Q E J Y M Z E K I O G Z T Z
N P E C J H N E F N R O B Z F M D X W R W
U K F T R A A G P U K P H J F G Y E R A I
Y D I O G M I D Z U E I Z P T J F M N P J
L O W I H W T O G N W Y O C X A K E S E W
T N A M N O I L Q U B J R E C I O H C D G
S E E S H K Y T N S S U P G S E A F O Z H
O W K X P L M I H C X U W I I O A Y R G W
C J A K S H Q F O U P L O M S A R A V L T
J Z T Z A X F V S Y R P S O E W B A O O G
S J X P C L E B E D M I M B Q X X R G P R
X N B D Q R G Y I E V J Y R V V U D F S I
W F L M E F M N E Y F I Q O C Z S O U B U
G W Q D L D L J C G F R H T J A R O F S G
H E V J D E S S E L B U F H M E A F H I S
X V L E U H T E B W E G Q E H L V S Q C D
I R G D K H K N V V E S E R V A N T I E G
S Y E Y F P F Z A E T X D C T D R I N K D
```

ABRAHAM	DEPARTED
AROSE	DRINK
BETHUEL	FOOD
BLESSED	ISAAC
BORN	LODGE
BROTHER	MAIDEN
CHOICE	SERVANT
COSTLY	TAKE A WIFE
COVERED	WELL OF WATER

PUZZLE 24: ALL ABOUT JOHN

```
F E J H H C B L L Z X J M U Y S H I U A V
Y F H P B T L L Z M G Z H U B A N Q U E T
I H R I A H L E M A C P C B I E M O G Y I
S B U S K T Z A S R H B V R N I S A I B V
R R W E D R S O S O A S A R G M R A Z T R
A J I D R I X L X P I H T V O M N S Y H J
E V I U R B K U T R C O F G E G N P K P R
L K E T A R L I H E P Z R N E D K F M L L
M T L I S V S C Z A E H T L F W A E M Z Y
B J M T L M B U O C K V H B V K W N V B S
T F I L Y R K B I H L O C U S T S B C A O
V O Z U T K R R O I U J B U A W E T I E B
G R K M Z Y A G M N E L Z X F H L D W V S
J G S D W J E J K G H L T H E G O Y F K L
I I H B C F N N M P N Z D A O R A N T M K
Y V O X J J P M O H M Z D R E B U D O M R
R E L I Z A B E T H M E L H I Q V R O N V
I N S Y T F G L Q M D J T X K G E W M F W
Z E A K Y I Z Q Q Y F A Z D I T M A I C E
H S M B E W S L K A E H N I A R O W U N P
Y S J X F W H U S L H D S W U E H J X Q R
```

ANGEL

BANQUET

BAPTISM

BEHEADED

BIRTH

CAMEL HAIR

DANCE

ELIZABETH

FORGIVENESS

GARMENT

GIRDLE

HERODIAS

HONEY

ISRAEL

LEATHER

LOCUSTS

MULTITUDES

PREACHING

WATER

ZECHARIAH

PUZZLE 25: THE LAST SUPPER

```
S W U V P E Z X F I D I S C I P L E S M P
F E Q O C H I D Z F S P L S E B I R C S E
E U E D I V I D R L M Q D J Z C C F E I T
K L L Q B U B D Z Z E P K E W L W U P Q E
W R T M O D A R T L Q E N S N A B J P H R
A P O S T L E S B J Y J I U C M J R Z R X
C H N C Y M E A J A M X R S D B R U E J Q
Q U H Q Y P T F T Z W O D L V Y D M D A L
P R H U P H E B B H P R E P A R E F H A D
C O V E N A N T F K K X V U Q M A T S T S
B H B E S Y B B G I S T W V B Q E T F W O
E U J T O W A G M T Z J O R Q Z S V D Q G
Y Y U M M Q E L G Z V B A G E U I S V T Y
V J Q P I Z Q S L M U N L B P X P I O W V
N H O J E C T I H J C M G P D Q V E V I B
W E Y R O S S V M E G K E R C X M V C M N
S U T A E I T F R S B R W B F K B K V O T
M J P I R B L X F L T E K G K B E W X M T
K E R J P T C H P M R Z U D Y O D O O L B
Q P C O N F E R R E D I V O F H H C X U W
X Q U R S C T B P U E K B U W S F K K Z E
```

APOSTLES

BETRAY

BLOOD

BREAD

CONFERRED

COVENANT

DEATH

DISCIPLES

DIVIDE

DRINK

FEAST

JESUS

JOHN

JUDAS

LAMB

LAST SUPPER

PETER

PREPARE

PRIESTS

REMEMBRANCE

SCRIBES

TABLE

WORD SEARCH SOLUTIONS

PUZZLE 1: Old Testament Men

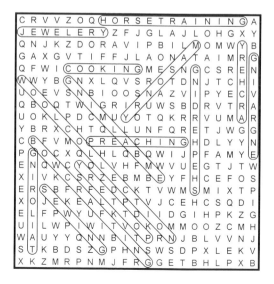

PUZZLE 2: Arts and Crafts

PUZZLE 3: Occupations

```
A J Y W W C G R R U P R Y I Z T O J U H J
T W I R Z A E D Y A E K N V U B I X Z C T
M I S I W C R R V V K R B G G T A I L O R
Q X H T V M D R R J E L J N J Y V M V V
M S I E F L S A O R E B R A B C E P V E B
I E P R E A C H E R B W A Q O Z E P O M W
Z K B R C B F U X W E G O P U C G J I B D
Z P U E B U A F X M S R P R B B E N K A S
X Z I N I M R J S F X E L M G W F Q H L S
E H L I H J M Y E A R L O E D U Y S M O
N U D F X R E S L S X Y K L Y G B U F E R
G Y I E Q T R Y M N H F E S H Q V P N R E
R I N R I B K I N B K R G B H B N D R I K
A M G L Y S T O Q A F T E E K Q N Y R Y A
V G G D R H A W P M M U S I C I A N E D M
E R S V X E D A O S Y R G T L E I V T G K
R V M T G A T H E R E R E N M O C K T O C
P P M L P V H N A A N L F H O D S O J I
O Q Y J R E K L U A C S E U S W V G P X R
U B L T Z L Q T F H Z K Q L W I E T F Z B
B A Y R M E I G T T A Z R I C V F S N L U
```

PUZZLE 4: Spiritual Gifts

```
Q D V B R T U E C X Y R Q W H M O D Q Q V
R I B E C H V I H Q Z P N G R G B M W B I
W S P L E H Q L K M A W O S T I L A O U B
Z C F C H N P K W W O Q X O P A T Z Q R
A E P K X S F W A Z F D R A U K G F J G R
Z R O O W H O M M R R T S O B J C K N A S
L N C H H R I G E G H T R I N C C I S X H
Q M S C F F F C R B I O R G W B V B T Y P
A E P A E J D E C P Y W N Y G I A Q E K D
Z N P Z E V W M Y Q G O S R G T E F A K T
B T V C X B C E L U B I G P A U X R C T D
O I C I P R C B N Y O H R J U W H B H T C
N S N I J I X N D K R O W T T F O W I T V
O L R A V J Q D O C P M O H M O R L N M W
F Q H R Z P T Y Q H F P I T S Q T O G J O
B A E G A L F L E A M T Z I T D A J J N K
L S O S M T D C K D I N R A Y P T L Z D M
S N W A F T Y D G R R X G F H E I Y B W A
G L E A D E R S H I P J H O Z O O C Z A J
N L A C P B U M S B X I Y K B S N G L G I
C A Z A Z K N C I D U K K N O W L E D G E
```

PUZZLE 5: God's People Are . . .

```
X O M G F I F O L L O W C H R I S T I P H
Y N P C V G K Z N I F R S S G U X F H W G
K R E A X E Q T D U G M G H Z A H R P K L
Y P P A H J T Z L V L E D C Y D B O N J V
O E G S Q B A Q V U M C O H Z V Q M L U L
P E J H C S D L F B I N Q E J G O D L Y M
E I N D P U G H F G T A S N C K U B W S A
I R E K N T T X S E D R P O C S Z L S U E
Q J E Z B I H S N L W E J N U P B U Y O S
P T D C A Z M T T Z Z P S O Z W H F P L E
E S O F N F G F R B D M R O A E U I S A S
R A D B A I Z F O V O E T N M P M C S E V
T F D N E K S G I Y N T V T B O B R B Z U
F D E T N D N B Z E T O B H N F L E L B S
Q A P L O V I N G W I I I T K Y E M A G V
U E T X O P V E Y K A C N K D Q G M M P M
J T B Y O B K S N Q E Z O U J H I L E Y T
Z S E F S F L O O T H I P V X M O D L R B
O C J H H D H I C M J O L Z R O J J E Y O
E L C O U R T E O U S A B J R E N H S V H
Z E I E L B A T I P S O H R U R I G S D R
```

PUZZLE 6: The Everlasting Word

```
S D A E R B P E R F E C T L O R B W M W Q
H T U R T J N R Z H W F A S W X T E G Z X
U T A X B U G C K L U K K V Q B D G J D Q
L P J G U D R N A D S P X F K T R P D S
I V I U C G A R S Z N E Z H T C V A E Z J
G T M S H E E X T H S U H A A E I T E N L
H T P L K M S V M G A Z T O E D F U Z V Y
T A C L J E I C K O W I W A M A W Z Q J D
G B D F R N M R A V O C N H R I D Y M N I
O C P V U T N N I N C V A G M C N M Q U S
Y E A N N I C T Z E F L N V K Q F E M G R
B Q W R P R A H S I I E T G M A R J T L N
U G A G Z I T R O F M O C I I F J Y H P I
E G A T I R E H E S E N T T M C R F A H H
Q I Z U P M A L Y H Y S H D N O O S A X T
H I B Q Z Z Z E O G E F T O J X K O D C Y
B H C P B Y I J Z T U C K P R E C I O U S
C R X J L U G Q J L B S D Z S I Y A D W A
I Q O R M W Q T V K T R O L E S N U O C H
L P C A B Q B T E T D X W J M E S N G E O
L W O L D J X I R G U B F R Q D F X K I V
```

PUZZLE 7: In the Upper Room

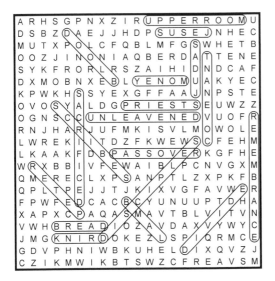

PUZZLE 8: Prophets

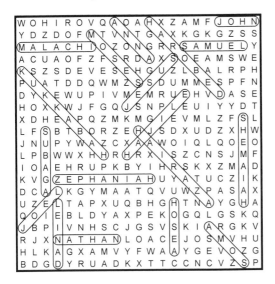

PUZZLE 9: Jewish Kings

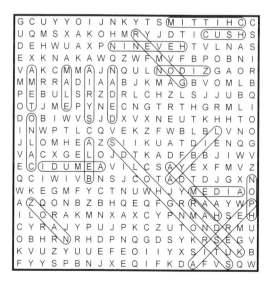

```
E R K J E H O I A K I M A Y U A S E F A I
X V U Q T W Q G Z A W O Y T A U U N S V I
J H A I K E D E Z L B A H J S Z O A H C T
E F Z N W X Y F L Z B I G A G H D S Z R Q
H S M X N Q N Q V L W Z J S L F O F H X U
U H E T M I M D D A V I D A J E E S A K P
S O N O S A L I J F F L X A H O M H H H N
V J H Q A R U Q F I Z C F G G A M G R E G
U Q E T G N Z A L R U A J N H F E I X V A
J M M T N K V K Y M L C T T S C W F W I R
T Y L M L A X K J O I U O O W C H A Z P L
H A I H A K E P H I S J B O G H E K S S M
I Y E B X R Z C N Z F V Q H J P S R M X A
Q N R T Y A D W C M B L F E Y Z S J Z K R
Z J Z S P C N W W K Y A H A Z I A H B C O
W U G A Q A L F U S U I G S U U N A A I J
N M D U I B V O N F B W K U D D A C D U X
W U A H S A A B E W P Z M Z X G M X A F B
Y N Y E X H Z G R C Q X R P X L K K N L I
R K P X O A O S X U G T X G N D I G G P G
K O N R I L P Y V Y W C K J Z Q W W I D A
```

PUZZLE 10: Evil

```
G C U Y Y O I J N K Y T S M I T T I H C C
U Q M S X A K O H M R Y J D T I C U S H S
D E H W U A X P N I N E V E H T V L N A S
E X K N A K A W Q Z W F M V F B P O B N I
V A K C M M A J N Q U L N O D I Z G A O R
M M R R A D I A A B J K M A G B V O M L B
P E B U L S R Z D R L C H Z L S J J U B Q
O T J M E P Y N E C N G T R T H G R M L I
D O B I W V S J D X V X N E U T K H H T O
I N W P T L C Q V E K Z F W B L B L V N O
J L O M H E A Z S I I K U A T D E N Q G
V A C X G E L O D T K A D F B B J I W V
E C I D U M E A V I L C S A Y E X F M V Z
Q C I W I V B N S J C O T A D T D J G X N
W K E G M F Y C T N U W H J Y M E D I A O
A Z Q O N B Z B H Q E Q F G R R A A Y W P
I L O R A K M N X A X C Y P N M A H S E H
C Y R A J Y P U J P K C Z U T O N D R M U
O B H R N R H D P N Q G D S Y K R S E G V
K V U Z Y U U E F E O I I Y X S I T U K B
F Y Y S P B N J X E Q I F K D A F V S Q W
```

PUZZLE 11: Holy Men

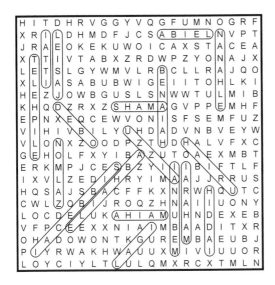

```
J P T O K D A Y Y R M S T S E I R P O X E
V M A O F F A O X Q U P N D D Q N N E Y E
F F D K A F H O L B R Y S N P S F S H Z D
F A R E L I A S H I B M Z K Q D V U B Y I
Z J A Y X A B D K W L D Z A D I S N K C K
E I M O Z I A O M D H K J H T Q K X V D U
R D A V F P Y R S C A T C O X U M W G V V
I D H S A H B A O I I Z E K S Z M E E X B
U T T D V K N N M N A W J P I H N W Z B G
S R J A K N M F P Z R Z E Q U A U A K R L
G W I H A I N A H P E Z H I Y B D A D V A
S E Y J G E F W K G S Y O E L I W W Y A I
U A R V A A K L C W E R I C T H F U S J B
P U H A S H I L K I A H A G J U M B Q Z W
A S F E T Q E N R H R A D X Y W G Y K H G
Q P C H N E K E E W O K A D V S H J M N Y
W I X H M N N X M F J G C X A M M B K V E
F O C C I V H T M U M X M X V H J C B J S
E H M C Z O I P U P K X H D Z L M B N S W
V S X K K D A E Q T Y D H M G A G I W V T
H A T N A T T A M I H E H O O U M A X N X
```

PUZZLE 12: David's Men

```
H I T D H R V G G Y V Q G F U M N O G R F
X R I L D H M D F J C S A B I E L N V P T
J R A E O K E K U W O I C A X S T A C E A
X T T I V T A B X Z R D W P Z Y O N A J X
L E T S L G Y W M V L R B C L L R A J Q O
X L U A S A B U B W I G E I I T O H L K I
H E Z J O W B G U S L S N W W T U L M I B
K H Q D Z R X Z S H A M A G V P P E M H F
E P N X E Q C E W V O N I S F S E M F U Z
V I H I V B I L Y U H D A D V B E Y W
V L O N X Z O O D P Z T H D H A L V F X C
G E H O L F X Y I B A Z U T O A E X M B T
E R K M P J C E S B Z Y I I B F T L F
I X V L Z E D H R Y I M A A J J R R U S
H Q S A J S B A C F F K X N R W H Q U T C
C W L Z O B J R O Q Z H N A I I U O N Y
L O C D E L U K A H I A M U H N D E X E B
V F P C E E X X N I A M B A A D I T X R
O H A D O W O N T K G U R E M B A E U B J
P I Y R W A K H W A U U X M I V U U O R
L O Y C I Y L T L U L Q M R C X T M L N
```

PUZZLE 13: Cities of Judah

```
H T U M R A J M C M D T L U L Q A Z F Y N
K S L J R W L J I U H O T T P F I U S K C
Q R D K C Y T N V U A A T W E O F O W R X
U L D M N O N O O T P Z N E H O E H D N B
E G L O N A R W H P Z K Z A H S K M J H D
X C D D G Q Z S U Y E D N G R T O H T I S
P O K N P D E A A O R H J I G V E Q L E X
Y H E J W W H M S U S J A T T I R E L R J
M R A Z T Q C K R A Y K U F H M A B L O O
A M E E H K M B A W J H E L A N Z E O G F
L S U E K S Y O P E T H E R D Z V V T T B
L R L A D G I M X B K Z M N E N A H S A S
U P Z Y X D A H B G K W O K A L O B I P
D Z U P Y J G L C A O B W M K J H P T B D
A T I Y N H Y I M A Z P M A Y Q L Z S D
K C W G A Q Z L L K L T M I M B Y E E H X
A H O Z J Q G E N S U T I R T P F E N A B
Z Q T D A Z E K A H Z H R D G A H A A A K
V E E I V R E K P X D U J K A B R S N R D
Y I N H W H F T O J V K J B E P C A L I U
Q Y J V R P L M Y J B Y D P P C U F B M L
```

PUZZLE 14: Women in Royalty

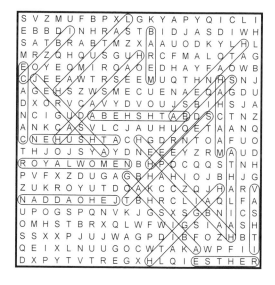

```
S V Z M U F B P X L G K Y A P Y Q I C L I
E B B D I N H R A S T B I D J A S D I W H
S A T B R A B T M Z X A A U O D K Y L H L
M R Z Q H Q U S G U H R C F M A L Q T A G
E O Y E O M I R Q A O E D H A Y F A O W B
C J E E A W T R S E E M U Q T H N A S N J
A G E H S Z W S M E C U E N A E Q A G D U
D X O R V C A V Y D V O U J S B I H S J A
N C I G U D A B E H S H T A B D S C T N Z
A N K C A S V L C J A U H U Q E T A A N Q
C N E H U S H T A C H G D R N T O A F U O
T H J O J S Y A Y D N E E E Y Z R M A U D
R O Y A L W O M E N B H P D C Q Q S T N H
P V F X Z D U G A G B H A H I O J B H J G
Z U K R O Y U T D Q A K C C Z Q J H A R V
N A D D A O H E J T B H R C L I A Q L F A
U P O G S P Q N V K J G S X S G B N I C S
O M H S T B R X Q L W F W I G S I A A S H
S S X X P J U J W A G P D I B F O Z H B T
Q E I X L N U U G O C W T A K A W P F I U
D X P Y T V T R E G X H L Q I E S T H E R
```

PUZZLE 15: Cities of Jordan

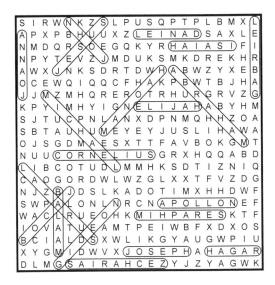

PUZZLE 16: They Saw Angels

PUZZLE 17: Shedding Tears

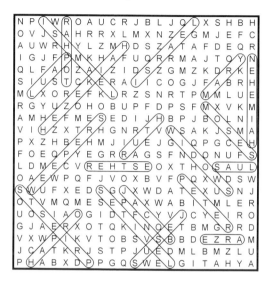

PUZZLE 18: Timber!

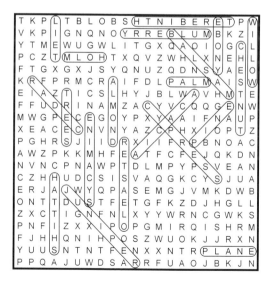

PUZZLE 19: Food and Spices

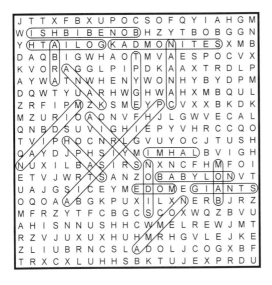

```
S H S E L P P A M S V A A W J E E J M W W
W M Q M M R X H P M Y H P D K D L A K U M
E M E B I B W I M X L O V D F R A P Q U X
N R J X L D C I D S M L G W Q Q X F R N Q
E T X F G E M U A E P I F V E T A O G N G
J X W O S Y M L L U N V E E S X T M Q C N
H S U O V E T V Q F T E C N H Q X W K K Z
H T W D R L T T O B Z S S I W Y Z K J A N
G R D A E R B U W A D N N S S X W F N G U
H O B L X A T G O O G B N O M A N N I C Y
B P O N D B A R U T A V E N B R A W A E B
O F W N J E U G W X D H S Y A M R K G O O
C I F L I F Z W R F S Z J G Q P E N A H V
K S O I K O F W L O V V V S S Z W R H F
E H C A R K N V Z G E L G V Z S L L S L
Y P U U Z N D S V N Y T I I H N D I I D S
P V C Q B O Z E J C U D A E M Y N J C R G
J S W O Y Z C M M C D N Y E D Q O S T U I
S M X D Q R H I B M C S H F M T M C L C F
J S N I S I A R J W M H I N J O L W F A K
J T F E V H K T Y F Z N R O C E A Y N A V
```

PUZZLE 20: Giants

```
J T T X F B X U P O C S O F Q Y I A H G M
W I S H B I B E N O B H Z Y T B O B G G N
Y H T A I L O G K A D M O N I T E S X M B
D A Q B I G W H A O T M V A E S P O C V X
K V O R A G G L P I P D K A A X T R D L P
A Y W A T N W H E N Y W O N H Y B Y D P M
D Q W T Y U A R H W G H W A H X M B Q U L
Z R F I P M Z K S M E Y P C V X X B K D K
M Z U R I O A O N V F H J L G W V E C A L
Q N B D S U V I G H I E P Y V H R C C Q O
T V I P H O C N R L G V U Y O C J T U S H
O A Y D J P H S I Y M I M H A L B V I G H
N U X I L B A S I R S N X N C F H M F O I
E T V J W R T S A N Z O B A B Y L O N V T
U A J G S I C E Y M E D O M E G I A N T S
O Q O A A B G K P U X I L X N E R B J R Z
M F R Z Y T F C B G C S C O X W Q Z B V U
A H I S N N U S H U W M E L R E W J M T
R Z V J U X U X H U H M R H G V L E J K E
Z L I U B R N C S L A D O L J C O G X B F
T R X C X L U H H S B K T U J E X P R D U
```

PUZZLE 21: Cain and Abel

```
C P E R B E S A D V T D I J G F W Y Q Q E
F N U E V I T I G U F R J Y V K R B S Z Q
V P O K J A A L U N F T D S K G W B W G G
H G C N K O F F E R I N G P N H C R V O V
Z U U E R L G R O E A Z A X D A L D K U
E D E N K L U E R T L Y Q A M E H A X I
E C Y O G Z L D W S D E M V D A E N P N A
C L W G H L P X A D T E U U G Z S D U D W
I S F X I Q C E D H N L S I L S P O N X O
F N J T Z B K L C F B U R Y R C F I U L
I R S C L V O X H N Y M O N U Q A N S F V
R O O O F L R P N A J R G C D O H Q V
C R O K N O N R K A T N I E G S A D M P L
A D O E L J E I E U S M E I A M M V E A T
S L V X O P F G U A I C E T J X B T N P F
O E G D E Q C R Y I N G T F N H M S U I R
S A P E B S J P H L D Y J V W U D L V K U
T I K X G U V N F V L Z N J X X O A P A I
S X E T O M A F T A T U A Y S F J C J U T
A L W A N D E R E R F U Y T Z C V G X N Q
E F C A U B M B G I A O Z J F O W G A U Q
```

PUZZLE 22: Diverse Sins

```
A L F Y L S E M I L X M F E I U Y R V Y W
M K A E W N G H K D V E N H P U T E B X H
V M J N G G R I X L K W D F P B E G C B A
Z B C W M O D E M E F V N D I N S K C
P M E B C E W G V N E R D O R C X A B D V
P Z K P C L F M C E O F O Y I P N T K Z K
L E O E J E J G S G N V D A Y E A X R G V
I Y I Y R L G N I L E G Z K C D A Z E L H
P T I Y S O J Z W T C W E N I E J T I B C
S H W G S R S Y O P T X A V Y E E V Z B G
E H E S F E N U W S R R O T R R X N K S N
R G I S D S C L L E R I A V G E B V I I
V P E U O N L V T P C V V D D Q S D U Y G
I J C U E H S B M E A W R X D U Q E S R D
C X Y S P Q C E D R D X A T J W L R V O U
E R S E O S T F P M I F Z N N U L T V Z J
D P N V S N B E X F M H K A S J S A E R K
J Q T U I R D N F V R S A T E R O H M R I
K M R C H V P U A M K Z G E P K U D I L Y
D O V B L W M F Y S M F Q N G R K F R Z A
Z N T D V W T V Q D O O H E S L A F C R I
```

PUZZLE 23: Rebekah and Isaac

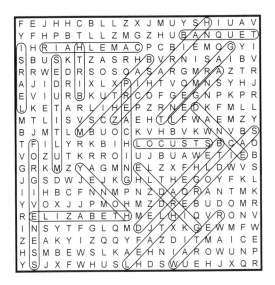

```
P Z Z R I A L W E L L O F W A T E R R C A
N Y Q W C B B H J C T Y N M P Z O F R D M
N D X T R R Z A V C J W C U A D S K V E R
B M Z R A A T Q E J Y M Z E K I Q G Z T Z
N P E C J H N E F N R O B Z F M D X W R W
U K F T R A A G P U K P H J F G Y E R A I
Y D I O G M I D Z U E I Z P T J F M N P J
L O W I H W T O G N W Y O C X A K E S E W
T N A M N O I L Q U B J R E C I O H C D G
S E E S H K Y T N S S U P G S E A F O Z H
O W K X P L M I H C X U W I I O A Y R G W
C J A K S H Q F O U P L O M S A R A V L T
J Z T Z A X F V S Y R P S O E W B A O O G
S J X P C L E B E D M I M B Q X X R G P R
X N B D Q R G Y I E V J Y R V V U D F S I
W F L M E F M N E Y F I Q O C Z S O U B U
G W Q D L D L J C G F R H T J A R O F S G
H E V J D E S S E L B U F H M E A F H I S
X V L E U H T E B W E G Q E H L V S Q C D
I R G D K H K N V V E S E R V A N T I E G
S Y E Y F P F Z A E T X D C T D R I N K D
```

PUZZLE 24: All About John

```
F E J H H C B L L Z X J M U Y S H I U A V
Y F H P B T L L Z M G Z H U B A N Q U E T
I H R I A H L E M A C P C B I E M O G Y I
S B U S K T Z A S R H B V R N I S A I B V
R R W E D R S O S Q A S A R G M R A Z T R
A J I D R I X L X P I H T V O M N S Y H J
E V I U R B K U T R C O F G E G N P K P R
L K E T A R L I H E P Z R N E D K F M L L
M T L I S V S C Z A E H T L F W A E M Z Y
B J M T L M B U O C K V H K W K W N V B S
T F I L Y R K B I H L O C U S T S B C A O
V O Z U T K R R O I U J B U A W E T I E B
G R K M Z Y A G M N E L Z X F H L D W V S
J G S D W J E J K G H L T H E G O Y F K L
I I H B C F N N M P N Z D A O R A N T M K
Y V O X J J P M O H M Z D R E B U D O M R
R E L I Z A B E T H M E L H X I Q V R O N V
I N S Y T F G L Q M D J T X K G E W M F W
Z E A K Y I Z Q Q Y F A Z D I T M A I C E
H S M B E W S L K A E H N I A R O W U N P
Y S J X F W H U S L H D S W U E H J X Q R
```

PUZZLE 25: The Last Supper

```
S  W  U  V  P  E  Z  X  F  I  D  I  S  C  I  P  L  E  S  M  P
F  E  Q  O  C  H  I  D  Z  F  S  P  L  S  E  B  I  R  C  S  E
E  U  E  D  I  V  I  D  R  L  M  Q  D  J  Z  C  C  F  E  I  T
K  L  L  Q  B  U  B  D  Z  Z  E  P  K  E  W  L  W  U  P  Q  E
W  R  T  M  O  D  A  R  T  L  Q  E  N  S  N  A  B  J  P  H  R
A  P  O  S  T  L  E  S  B  J  Y  J  I  U  C  M  J  R  Z  R  X
C  H  N  C  Y  M  E  A  J  A  M  X  R  S  D  B  R  U  E  J  Q
Q  U  H  Q  Y  P  T  F  T  Z  W  O  D  L  V  Y  D  M  D  A  L
P  R  H  U  P  H  E  B  B  H  P  R  E  P  A  R  E  F  H  A  D
C  O  V  E  N  A  N  T  F  K  K  K  X  V  U  Q  M  A  T  S  S
B  H  B  E  S  Y  B  B  G  I  S  T  W  V  B  Q  E  T  F  W  O
E  U  J  T  O  W  A  G  M  T  Z  J  Q  R  Q  Z  S  V  D  Q  G
Y  Y  U  M  M  Q  E  L  G  Z  V  B  A  G  E  U  I  S  V  T  Y
V  J  Q  P  I  Z  Q  S  L  M  U  N  L  B  P  X  P  I  O  W  V
N  H  O  J  E  C  T  I  H  J  C  M  G  P  D  Q  V  E  V  I  B
W  E  Y  R  Q  S  S  V  M  E  G  K  E  R  C  X  M  V  C  M  N
S  U  T  A  E  I  T  F  R  S  B  R  W  B  F  K  B  K  V  O  T
M  J  P  I  R  B  L  X  F  L  T  E  K  G  K  B  E  W  X  M  T
K  E  R  J  P  T  C  H  P  M  R  Z  U  D  Y  O  D  O  O  L  B
Q  P  C  O  N  F  E  R  R  E  D  I  V  O  F  H  H  C  X  U  W
X  Q  U  R  S  C  T  B  P  U  E  K  B  U  W  S  F  K  K  Z  E
```

Part Five
WORD SCRAMBLES

Unscramble the words in the same order as they are presented, one word at a time, until you have completely revealed a pertinent Scripture. Some words are already unscrambled for you. If you get stuck on a word, skip it and come back to it later. You'll be surprised how a break from a tough word will make it easier to solve once you return to it!

1. My nos, do not efgort my aceghint, btu eekp my acdmmnos in oruy aehrt

_____

_____

2. Do not be eisw in oruy now eesy; aefr eht Dlor adn hnsu eilv

_____

_____

3. Bdeelss is eht amn how dfins dimosw, eht amn how agins addeginnnrstu

_____

_____

4. My nos, eeeprrsv dnosu degjmntu adn cdeeimnnrst, do not elt ehmt otu fo oruy ghist

_____

_____

5. Aehv no aefr fo ddensu adeirsst or fo eht inru ahtt aeekorstv eht cdeikw

_____

_____

6. Eht Dlor's cersu is no eht ehosu fo eht cdeikw, btu eh beelsss eht ehmo fo eht eghiorstu

_____

_____

7. Eilnst, my nos, ot oruy aefhrt's ciinnorsttu adn do not aefkors oruy ehmort's aceghint

_____

_____

8. My nos, fi einnrss ceeint ouy, do not egiv in ot ehmt

_____

_____

9. Btu eehorvw eilnsst ot em illw eilv in aefsty adn be at aees, hiottuw aefr fo ahmr

_____

_____

10. For eht Dlor egisv dimosw, adn fmor his hmotu cemo deegklnow adn addeginnnrstu

_____

_____

11. For eh adgrsu eht ceorsu fo eht jstu adn ceoprstt eht awy fo his affhiltu enos

_____

_____

12. Cdeiinorst illw ceoprtt ouy, adn addeginnnrstu illw adgru ouy

_____

_____

13. Dimosw illw aesv ouy fmor eht aswy fo cdeikw emn, fmor emn ehosw dorsw aer eeeprrsv

_____

_____

14. Hstu ouy illw aklw in eht aswy fo dgoo emn adn eekp ot eht ahpst fo eht eghiorstu

_____

_____

15. Eilnst, my noss, ot a aefhrt's ciinnorsttu; apy aeinnottt adn agin addeginnnrstu

_____

_____

16. Eh aghttu em adn adis, "Aly dhlo fo my dorsw hitw all oruy aehrt; eekp my acdmmnos adn ouy illw eilv

_____

_____

17. Egt dimosw, egt addeginnnrstu; do not efgort my dorsw or eersvw fmor ehmt

18. Dimosw is eemprsu; eeefhorrt egt dimosw. Ghhotu it cost all ouy aehv, egt addeginnnrstu

19. Eilnst, my nos, accept ahtw I asy, adn eht aersy fo oruy efil illw be amny

20. Elt oruy eesy kloo aghirstt aadeh, fix oruy aegz cdeilrty beefor ouy

Bonus Question (10 points): What does every single word in all twenty exercises have in common?

SOLUTIONS

1. My son, do not forget my teaching, but keep my commands in your heart.—Proverbs 3:1

2. Do not be wise in your own eyes; fear the Lord and shun evil.—Proverbs 3:7

3. Blessed is the man who finds wisdom, the man who gains understanding.—Proverbs 3:13

4. My son, preserve sound judgment and discernment, do not let them out of your sight.—Proverbs 3:21

5. Have no fear of sudden disaster or of the ruin that overtakes the wicked.—Proverbs 3:25

6. The Lord's curse is on the house of the wicked, but he blesses the home of the righteous.—Proverbs 3:33

7. Listen, my son, to your father's instruction and do not forsake your mother's teaching.—Proverbs 1:8

8. My son, if sinners entice you, do not give in to them.—Proverbs 1:10

9. But whoever listens to me will live in safety and be at ease, without fear of harm.—Proverbs 1:33

10. For the Lord gives wisdom, and from his mouth come knowledge and understanding.—Proverbs 2:6

11. For he guards the course of the just and protects the way of his faithful ones.—Proverbs 2:8

12. Discretion will protect you, and understanding will guard you.—Proverbs 2:11

13. Wisdom will save you from the ways of wicked men, from men whose words are perverse.—Proverbs 2:12

14. Thus you will walk in the ways of good men and keep to the paths of the righteous.—Proverbs 2:20

15. Listen, my sons, to a father's instruction; pay attention and gain understanding.—Proverbs 4:1

16. He taught me and said, "Lay hold of my words with all your heart; keep my commands and you will live.—Proverbs 4:4

17. Get wisdom, get understanding; do not forget my words or swerve from them.—Proverbs 4:5

18. Wisdom is supreme; therefore get wisdom. Though it cost all you have, get understanding.—Proverbs 4:7

19. Listen, my son, accept what I say, and the years of your life will be many.—Proverbs 4:10

20. Let your eyes look straight ahead, fix your gaze directly before you.—Proverbs 4:25

10 Point Bonus Solution: What does EVERY word in the first set of brain exercises have in common?

Every letter in every word in every problem is arranged in alphabetical order.

SCORE SHEET

PUZZLES (1 POINT PER PUZZLE)	POINTS
Cryptograms (50)	
Crossword Puzzles (5)	
Sudoku (40)	
Word Search (25)	
Word Scrambles (20)	
10 Point Bonus Question	
Total	

Add the total scores from all five units. Based on your total score, receive your crown!

Total score = 0–50: You are hereby crowned "Sunday-school dropout"—Advanced level.

Total score = 51–80: You are hereby crowned "Sunday-school graduate"—Advanced level.

Total score = 81–99: You are hereby crowned "Biblically knowledgeable"—Advanced level.

Total score = 100–109: You are hereby crowned "Bible trivia master"—Advanced level.

Total score = 110–129: You are hereby crowned "Bible scholar of the highest order"—Advanced level.

Total score = 130–150: You are hereby crowned "Honorary doctor of theology"—Advanced level.

Also available from America's Puzzle Master
TIMOTHY E. PARKER
Including Crosswords, Word Search, Cryptograms, and More

America's Puzzle Master Presents
Beginner Level
GREAT PUZZLES FROM THE BIBLE
Including Crosswords, Word Search, Trivia, and More
TIMOTHY E. PARKER

America's Puzzle Master Presents
Intermediate Level
MORE GREAT PUZZLES FROM THE BIBLE
Including Crosswords, Word Search, Trivia, and More
TIMOTHY E. PARKER

ADVANCED LEVEL! America's Puzzle Master Presents
CHALLENGING PUZZLES FROM THE BIBLE
Including Crosswords, Word Search, Cryptograms, and More
TIMOTHY E. PARKER

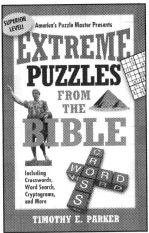

SUPERIOR LEVEL! America's Puzzle Master Presents
EXTREME PUZZLES FROM THE BIBLE
Including Crosswords, Word Search, Cryptograms, and More
TIMOTHY E. PARKER

Available wherever books are sold or at www.simonandschuster.com

HOWARD BOOKS
A Division of Simon & Schuster
A CBS COMPANY

Printed in the United States
By Bookmasters